教师普通话水平提升系列教材

ZHONG-XIAOXUE JIAOSHI
PUTONGHUA YINGYONG JIAOCHENG
YINGYONG YU SHIJIAN（XIA）

中小学教师普通话应用教程
应用与实践（下）

田靓　主编
沈红丹　田靓　编著

北京语言大学出版社
BEIJING LANGUAGE AND CULTURE
UNIVERSITY PRESS

© 2021 北京语言大学出版社，社图号 21144

图书在版编目（CIP）数据

中小学教师普通话应用教程．应用与实践．下 ／ 田靓主编；沈红丹，田靓编著． —— 北京：北京语言大学出版社，2021.9

ISBN 978-7-5619-5970-1

Ⅰ.①中… Ⅱ.①田…②沈… Ⅲ.①中小学－教师－普通话－教材 Ⅳ.① H193.2

中国版本图书馆 CIP 数据核字（2021）第 190104 号

中小学教师普通话应用教程·应用与实践（下）
ZHONG-XIAOXUE JIAOSHI PUTONGHUA YINGYONG JIAOCHENG · YINGYONG YU SHIJIAN (XIA)

排版制作：	北京创艺涵文化发展有限公司
责任印制：	周　燚

出版发行：	北京语言大学出版社
社　　址：	北京市海淀区学院路 15 号，100083
网　　址：	www.blcup.com
电子信箱：	service@blcup.com
电　　话：	编辑部　　8610-82303390
	国内发行　8610-82303650/3591/3648
	海外发行　8610-82303365/3080/3668
	北语书店　8610-82303653
	网购咨询　8610-82303908
印　　刷：	北京联兴盛业印刷股份有限公司

版　次：	2021 年 9 月第 1 版	印　次：	2021 年 9 月第 1 次印刷
开　本：	787 毫米 × 1092 毫米　1/16	印　张：	8.5
字　数：	140 千字		
定　价：	36.00 元		

PRINTED IN CHINA

编写说明

　　本教程是教师普通话教学系列教材，旨在落实新时代国家通用语言文字工作的基本原则和主要目标。本教程以"普通话＋教师职业技能"为编写特色，依据《普通话水平测试实施纲要》，结合主流中小学教材及教学参考用书实例，遵循"精讲多练、练习为主、应用为重"的原则，以期实现两个基本目标：提升中小学在职教师运用国家通用语言文字有效开展教学实践的水平，培养师范学生运用国家通用语言文字进行教育教学的能力。

　　本教程主要适用于中小学教师及教辅人员、各级各类师范院校的在校学生，用以提升普通话职业应用能力。

● **教材架构与内容**

　　本教程共 3 册，包括《语音基础》《应用与实践（上）》《应用与实践（下）》。

　　《语音基础》共 20 课，以普通话语音知识为纲领，提供语音基础知识，展现发音要领与技巧，有针对性地释疑解惑，并配有丰富的练习材料。练习材料密切结合《普通话水平测试实施纲要》，具有很强的实用性。

　　《应用与实践》分为上、下两册，每册 10 课，以主流中小学教材和教学参考用书为选材基础，精选字、词、句、篇，提供科学、多样、充足的系统练习，以高效的实践训练全面提升教师在课堂教学和教育管理工作中的普通话应用能力。

● **教材特色与理念**

　　本教程坚持以应用为导向的编写思路，采用"讲—练—用"一体化的编写模式，全面落实"讲练结合、以练助讲、重在实践"的编写理念。

　　1. 专题化视角与配套性选材

　　选材覆盖语文、数学、道德与法治、科学、物理、化学、地理、历史、音乐、美术等十大学科门类，兼顾小学、初中两个教学阶段，尽可能提供丰富的内容，以满足练习需求。

　　2. 多元化方法与靶向性练习

　　提供多种练习方式，以提高学习者听、读、记、辨等语音基本技能；练习内容层次清晰，靶向明确，直指中小学教学内容与教学语言，体现"精准练习、练后即用"的教学理念。

3. 模块化教学与渐进式提升

教学与练习模块设计科学，力求深入浅出地拓展语音知识，推动学习者逐渐提升发音技能，构建并完善普通话发音词典，最终能够以准确的普通话自由、通畅地表达思想。

● **期待与目标**

本教程致力于将国家通用语言文字能力与教师职业技能和综合素质提升密切结合起来，这是普通话教育教学的新领域。我们期待学习者在系统学习本教程并认真练习后能够：

——提高对普通话语音系统的认知水平；

——深入了解自己的发音优势与（方言）问题；

——有意识地监控自己的发音，不断提高普通话发音的熟练水平，直至达到自动化、无意识化；

——在教师职业生活中准确流利地使用普通话开展工作，逐步养成习惯。

● **课程安排建议**

《语音基础》和《应用与实践》配套使用，同步进行，可以根据实际情况灵活设置课程。下面提供两种参考方案。

1. 短期强化教学方案：每天 2 课时，一周 10 课时，8 周完成教学。

周次	星期一	星期二	星期三	星期四	星期五
1	第 1 课	第 1 课	第 2 课	第 2 课	第 3 课
2	第 3 课	第 4 课	第 4 课	第 5 课	第 5 课
3	第 6 课	第 6 课	第 7 课	第 7 课	第 8 课
4	第 8 课	第 9 课	第 9 课	第 10 课	第 10 课
5	第 11 课	第 11 课	第 12 课	第 12 课	第 13 课
6	第 13 课	第 14 课	第 14 课	第 15 课	第 15 课
7	第 16 课	第 16 课	第 17 课	第 17 课	第 18 课
8	第 18 课	第 19 课	第 19 课	第 20 课	考试

2. 学期制教学方案：一周 4 课时，20 周完成教学。

教学周	语音基础（分册）	应用与实践（分册）
第 1～10 周	第 1～10 课（每课 1 课时）	第 1～10 课（每课 3 课时）
第 11～19 周	第 11～19 课（每课 1 课时）	第 11～19 课（每课 3 课时）
第 20 周	第 20 课（1 课时）	第 20 课（1 课时）
	期末考试（2 课时）	

● **课时安排建议**

《语音基础》与《应用与实践》配套使用，4 个课时完成一课的教学任务。

课时	所使用的教材	具体学习内容及练习项目
第 1 课时	《语音基础》	必学：知识解析、基础练习
		选学：综合练习
第 2～3 课时	《应用与实践》	必学：快速起步、精准突破、专项提升
第 4 课时		必学：综合实践之专业材料朗读、教学用语示范
		选学：综合实践之情境化任务

本教程的编写受益于教育部语用司 2020 年 4—7 月组织的针对 52 个未摘帽贫困县教师的国家通用语言文字教学能力提升在线示范培训。在编写过程中，我们得到了北京大学陆俭明教授、南开大学石锋教授的鼓励，北京语言大学张辉副教授的指导，以及北京语言大学出版社总编辑郭风岚教授的支持。

在北京语言大学出版社编辑部王静主任全力支持和统筹策划下，主创团队积极努力，2020 年 11 月底完成了初稿。其中的部分材料曾于 2020 年 10—12 月在北京语言大学支持的广西都安县教师国家通用语言文字教学能力提升培训项目中试用，获得了很好的反馈，教师和学员均提出了宝贵的修改意见和建议。此后编写组又多次进行了讨论和修改，于 2021 年 4 月最终定稿。

本教程的各位编者不计回报，辛勤工作，付出了极大的心血，在此向她们表示诚挚的谢意。各位编者的具体分工如下：

刘思维、丁险峰：《中小学教师普通话应用教程·语音基础》

李琳、刘思维：《中小学教师普通话应用教程·应用与实践（上）》
沈红丹、田靓：《中小学教师普通话应用教程·应用与实践（下）》

限于编者水平，本教程难免有粗疏和不当之处，敬请使用者批评指正。

主编：田靓

2021 年 8 月

致学习者

《应用与实践》分册分为上、下两册，每册 10 个单元，两册共 20 个单元。每单元包括"快速起步""精准突破""专项提升""综合实践"四个核心模块，下设若干练习板块，结合实际教学语言应用情况，提供丰富的学科领域练习资源，同时设有"自评与收获"模块。

通过本册的学习，你将能够：

——逐级掌握字、词、句的正确发音；

——准确、流利地朗读语篇；

——在教学情境中进行专业化表达；

——自主建立并同步生成个性化的发音词典。

快速起步着重单字的发音，包括三个练习板块：练耳、开口、动脑。通过听辨、朗读、探索归纳等方式，提高学习者单字发音的准确度。

精准突破着力于词语的发音，也包括三个练习板块：练耳、开口、动脑。通过听辨、朗读、探索归纳等方式，提高学习者词语发音的质量。

专项提升关注语句的发音，包括两个板块：开口、动脑。通过朗读、探索归纳等方式，训练学习者语句的流利性与发音的准确性。

综合实践突显"普通话能力＋教师职业应用"的特色，包括"专业材料朗读""教学用语示范""情境化任务"三个练习板块，提供类型多样的教学场景，帮助学习者积累实战经验，提高普通话表达的综合能力。

自评与收获旨在培养学习者自主学习的意识与习惯。通过"本课自评"和"我的发音词典"两个板块，帮助学习者巩固本课学习成果，培养元语言意识，建立并完善个性化的发音词典。

课时建议：《应用与实践》配合《语音基础》学习使用。完成《语音基础》一课后，建议用 3 课时完成本册对应课程。第 1、2 课时完成"快速起步""精准突破""专项提升"，第 3 课时完成"综合实践"。本册各个模块既相互联系又各自独立，方便教师及学习者根据实际教学情况自行组合、调整。

相信《应用与实践》会为你带来更实用的练习内容，在更真实的实践场景中，以更有效的训练方式，让你的专业领域普通话水平迈上新台阶。

编者

2021 年 8 月

目 录

课号	教学内容	教学重点	页码
第 11 课	z、c、s、zh、ch、sh	z、c、s 和 zh、ch、sh 的辨音	1
第 12 课	l、r	l 和 r 的辨音	10
第 13 课	ai、ei、ao、ou	前响复韵母的发音要领	19
第 14 课	ia、ie、ua、uo、üe	后响复韵母的发音要领	28
第 15 课	iao、iou、uai、uei、er	中响复韵母的发音要领，er 的发音要领	37
第 16 课	an、ang、ian、iang	an 和 ang 的辨音，ian 和 iang 的辨音	46
第 17 课	en、eng、in、ing	en 和 eng 的辨音，in 和 ing 的辨音	55
第 18 课	uan、uang、uen、ueng	uan 和 uang 的辨音，uen 和 ueng 的辨音	64
第 19 课	üan、ün、ong、iong	ong、iong 的发音要领，ueng 和 ong 的辨音	73
第 20 课	声调与语流音变	声调的发音要领，变调、轻声与儿化的综合训练	82
录音文本及参考答案			91

第 11 课　z、c、s、zh、ch、sh

> **学习目标**
>
> ★ 准确听辨并正确朗读含有声母 z、c、s、zh、ch、sh 的字、词；
> ★ 通过归纳，自主建立含有声母 z、c、s、zh、ch、sh 的专业领域发音词典；
> ★ 能比较准确地说出含有声母 z、c、s、zh、ch、sh 的语句，运用于教学工作。

课前思考

在教学工作和生活中，你能想到哪些字、词含有声母 z、c、s、zh、ch、sh？

● **分组讨论：**与小组成员一起讨论上述问题。
● **成果交流：**与全班分享讨论结果，选出符合条件的字、词。

快速起步：单字

录音"码"上听

■ 练耳

听单音节字词，写出你听到的音节的声母。

1. ____　　2. ____　　3. ____　　4. ____　　5. ____　　6. ____
7. ____　　8. ____　　9. ____　　10. ____　　11. ____　　12. ____

■ 开口

按照不同的声母归纳下面的字，并朗读这些字。

| 咒 | 声 | 族 | 忠 | 此 | 痴 |
| 洒 | 辍 | 座 | 甩 | 俗 | 层 |

声母是 z 的字有：_____

声母是 c 的字有：_____

声母是 s 的字有：_____

声母是 zh 的字有：＿＿＿＿＿＿＿＿＿＿＿＿＿＿＿＿＿＿＿＿＿＿＿＿

声母是 ch 的字有：＿＿＿＿＿＿＿＿＿＿＿＿＿＿＿＿＿＿＿＿＿＿＿＿

声母是 sh 的字有：＿＿＿＿＿＿＿＿＿＿＿＿＿＿＿＿＿＿＿＿＿＿＿＿

■ 动脑

记住上题中每个字的发音，并试着给每个字组两个词。

忠：＿＿＿＿ ＿＿＿＿　　族：＿＿＿＿ ＿＿＿＿　　此：＿＿＿＿ ＿＿＿＿　　座：＿＿＿＿ ＿＿＿＿

痴：＿＿＿＿ ＿＿＿＿　　俗：＿＿＿＿ ＿＿＿＿　　洒：＿＿＿＿ ＿＿＿＿　　咒：＿＿＿＿ ＿＿＿＿

声：＿＿＿＿ ＿＿＿＿　　层：＿＿＿＿ ＿＿＿＿　　甩：＿＿＿＿ ＿＿＿＿　　辍：＿＿＿＿ ＿＿＿＿

精准突破：词语

录音"码"上听

■ 练耳

一、听录音，按照你听到的顺序在词语前的方框中标出序号，并朗读这些词语。

1. □ 擦拭　　□ 插翅　　□ 水藻　　□ 灼烧

2. □ 抖擞　　□ 兜售　　□ 车速　　□ 参数

3. □ 收缩　　□ 输送　　□ 四川　　□ 失传

二、听录音，选出你听到的拼音，并把对应的选项填入括号中。

（　）1. A zīshì　　　B zhīshi　　　C zìsī

（　）2. A shùzhí　　B shùzì　　　C sùzhì

（　）3. A zòngshǐ　　B zǒngshì　　C zhòngshì

（　）4. A cánsī　　　B chénsī　　　C cēncī

（　）5. A chǔlǐ　　　B zǔlì　　　　C zhǔlì

（　）6. A suānsè　　B shuānsè　　C suànshì

■ 开口

一、给下列词语中的加点字标出声母，并朗读这些词语。

1. ＿＿＿＿＿　　2. ＿＿＿＿＿　　3. ＿＿＿＿＿　　4. ＿＿＿＿＿

　　丝绸　　　　　　磁场　　　　　　穿梭　　　　　　参照

5. _____	6. _____	7. _____	8. _____
竹字头	自然数	测距车	纵坐标
9. _____	10. _____	11. _____	12. _____
敝帚自珍	唐诗宋词	热胀冷缩	四舍五入

二、朗读下列词语，注意每组词语之间的发音差别。

1. A 姿势　　　　B 知识　　　　C 自私
2. A 数值　　　　B 数字　　　　C 素质
3. A 纵使　　　　B 总是　　　　C 重视
4. A 蚕丝　　　　B 沉思　　　　C 参差
5. A 处理　　　　B 阻力　　　　C 主力
6. A 酸涩　　　　B 栓塞　　　　C 算式

动脑

一、按照不同的声母归纳下面的词语，并记住它们的发音。

知识　沉思　酸涩　重视　算式　数值　数字　素质　纵使
姿势　蚕丝　自私　处理　阻力　主力　参差　栓塞　总是

含有声母 z 的词语有：_____

含有声母 c 的词语有：_____

含有声母 s 的词语有：_____

含有声母 zh 的词语有：_____

含有声母 ch 的词语有：_____

含有声母 sh 的词语有：_____

二、找出每组中声母组合模式相同的词语，小组讨论后，再写出三个声母组合模式相同的词语。

1. 增值　　组装　　纵轴　　阻值　　质子　　载重

声母组合模式相同的词语有：_____

符合该组合模式的词语还有：_____

2. 尺寸　　储存　　船舱　　磁场　　冲刺　　陈醋

声母组合模式相同的词语有：_____

符合该组合模式的词语还有：_____

3. 收拾　随时　松鼠　损失　桑葚　算是

声母组合模式相同的词语有：_____

符合该组合模式的词语还有：_____

4. 村庄　粗壮　橙汁　促织　辞职　词缀

声母组合模式相同的词语有：_____

符合该组合模式的词语还有：_____

5. 转速　再生　钻石　左手　噪声　总数

声母组合模式相同的词语有：_____

符合该组合模式的词语还有：_____

6. 实操　生存　撕扯　数次　闪存　施测

声母组合模式相同的词语有：_____

符合该组合模式的词语还有：_____

专项提升：语句

录音"码"上听

开口

选择与下列短语或句子中的加点字对应的拼音，把选项填入括号中，并朗读这些短语或句子。

(　　) 1. 长征运载火箭

　　A zhǎngzhēng yùnzǎi

　　B chángzhēng yùnzǎi

　　C chángzhēng yùnzài

(　　) 2. 等号两边都是整式

　　A zěngsì　　　　　B zěngshì　　　　　C zhěngshì

(　　) 3. 爆竹声中一岁除

　　A bàozhú　　　　 B pàozhú　　　　　C pàozhàng

(　　) 4. 鸟语花香，草长莺飞

　　A cǎo zǎng　　　 B cǎo zhǎng　　　　C cǎo cháng

第11课　z、c、s、zh、ch、sh

(　　) 5.造纸术是我国古代的四大发明之一。
　　　　A zhàozhǐshù　　　　B zàozhǐshù　　　　C zàozhǐsù
(　　) 6.亭亭山上松,瑟瑟谷中风。
　　　　A shèshè　　　　　　B chèchè　　　　　　C sèsè

动脑

朗读下列短语或句子,并按照每题的要求找出相应的字,注意这些字的读音。(重复的字只写一遍)

1.每种物质中的原子的核外电子数一定是等于该原子的质子数。
　声母是 z 的字有:＿＿＿＿＿＿＿＿＿＿＿＿＿＿＿＿＿＿＿＿＿＿
　声母是 zh 的字有:＿＿＿＿＿＿＿＿＿＿＿＿＿＿＿＿＿＿＿＿＿

2.尺有所短,寸有所长。
　声母是 c 的字有:＿＿＿＿＿＿＿＿＿＿＿＿＿＿＿＿＿＿＿＿＿＿
　声母是 ch 的字有:＿＿＿＿＿＿＿＿＿＿＿＿＿＿＿＿＿＿＿＿＿

3.石笋是由于含碳酸的水不断点滴到一处,碳酸钙沉淀而形成的。
　声母是 s 的字有:＿＿＿＿＿＿＿＿＿＿＿＿＿＿＿＿＿＿＿＿＿＿
　声母是 sh 的字有:＿＿＿＿＿＿＿＿＿＿＿＿＿＿＿＿＿＿＿＿＿

4.苏州园林栽种和修剪树木也着眼在画意。高树与低树俯仰生姿。
　声母是 z 的字有:＿＿＿＿＿＿＿＿＿＿＿＿＿＿＿＿＿＿＿＿＿＿
　声母是 c 的字有:＿＿＿＿＿＿＿＿＿＿＿＿＿＿＿＿＿＿＿＿＿＿
　声母是 s 的字有:＿＿＿＿＿＿＿＿＿＿＿＿＿＿＿＿＿＿＿＿＿＿
　声母是 zh 的字有:＿＿＿＿＿＿＿＿＿＿＿＿＿＿＿＿＿＿＿＿＿
　声母是 ch 的字有:＿＿＿＿＿＿＿＿＿＿＿＿＿＿＿＿＿＿＿＿＿
　声母是 sh 的字有:＿＿＿＿＿＿＿＿＿＿＿＿＿＿＿＿＿＿＿＿＿

5.刷子李看着曹小三发怔发傻的模样
　声母是 z 的字有:＿＿＿＿＿＿＿＿＿＿＿＿＿＿＿＿＿＿＿＿＿＿
　声母是 c 的字有:＿＿＿＿＿＿＿＿＿＿＿＿＿＿＿＿＿＿＿＿＿＿
　声母是 s 的字有:＿＿＿＿＿＿＿＿＿＿＿＿＿＿＿＿＿＿＿＿＿＿
　声母是 zh 的字有:＿＿＿＿＿＿＿＿＿＿＿＿＿＿＿＿＿＿＿＿＿

声母是 ch 的字有：＿＿＿＿＿＿＿＿＿＿＿＿＿＿＿＿

声母是 sh 的字有：＿＿＿＿＿＿＿＿＿＿＿＿＿＿＿＿

6. 写作时要保持正确的坐姿和执笔姿势。

声母是 z 的字有：＿＿＿＿＿＿＿＿＿＿＿＿＿＿＿＿

声母是 c 的字有：＿＿＿＿＿＿＿＿＿＿＿＿＿＿＿＿

声母是 s 的字有：＿＿＿＿＿＿＿＿＿＿＿＿＿＿＿＿

声母是 zh 的字有：＿＿＿＿＿＿＿＿＿＿＿＿＿＿＿＿

声母是 ch 的字有：＿＿＿＿＿＿＿＿＿＿＿＿＿＿＿＿

声母是 sh 的字有：＿＿＿＿＿＿＿＿＿＿＿＿＿＿＿＿

综合实践：语篇

录音"码"上听

综合实践一：专业材料朗读

材料一

　　为了计算方便，人们发明了各种各样的计算工具。两千多年前，中国人用算筹计算。一千多年前，中国人又发明了算盘，它是我国的传统计算工具，曾经在生产和生活中被广泛应用。十七世纪初，英国人发明了计算尺。十七世纪中期，欧洲人发明了机械计算器。二十世纪四十年代诞生了第一台电子计算机。二十世纪七十年代出现了电子计算器，成为目前被人们广泛使用的一种计算工具。随着科学技术的进步，计算机也在不断更新，如今已经出现了超级计算机，它们的运算速度能达到平均每秒几百万亿次。

（改写自人教版《数学·四年级上册》第 23～24 页）

一、朗读上面的材料，找出材料中含有声母 z、c、s、zh、ch、sh 的词语，分别填入表格中的相应位置，并记住这些词语。（重复的词语只写一遍）

z	c	s

第11课　z、c、s、zh、ch、sh

zh	ch	sh

二、朗读下面的目标句，录音，提交给教师并获得反馈。完成朗读测评记录表。

目标句：随着科学技术的进步，计算机也在不断更新，如今已经出现了超级计算机，它们的运算速度能达到平均每秒几百万亿次。

朗读测评记录表

次数	成绩	记录
我读了____遍。	我的成绩是____分。	我需要注意_____的发音。

材料二

钱塘湖春行

白居易

孤山寺北贾亭西，水面初平云脚低。
几处早莺争暖树，谁家新燕啄春泥。
乱花渐欲迷人眼，浅草才能没马蹄。
最爱湖东行不足，绿杨阴里白沙堤。

（选自部编人教版《语文·八年级上册》第60页）

一、朗读上面的材料，找出材料中含有声母 z、c、s、zh、ch、sh 的词语，分别填入表格中的相应位置，并记住这些词语。（重复的词语只写一遍）

z	c	s

zh	ch	sh

二、两人一组，互相朗读给对方听，并完成朗读互评记录表。

朗读互评记录表

评分项	成绩
他/她的发音很准确。	A　B　C　D
他/她读得很流利。	A　B　C　D
他/她的语速很合适。	A　B　C　D

三、想一想，你所教的学科中还有哪些语篇中含有声母 z、c、s、zh、ch、sh 的字、词比较多，找出来，分享给同学们，一起朗读。

综合实践二：教学用语示范

一、试着自然流利地读出下面的教学用语示例，注意那些含有声母 z、c、s、zh、ch、sh 的字或词语，然后边听录音边修正自己的发音。

1. 先自由读题，再说一说已知条件和所求问题。
2. 这个算式与我们以前学过的除法有什么不同？谁来说一说？
3. 观察下面每组的两个算式，它们有什么关系？
4. 我们学习过的古诗中描写春天的诗句有哪些呢？请你举例说一说。
5. 细读这首诗，可以看出诗人当时怎样的心情？
6. 在这首诗中，哪几句采用了对仗的修辞手法？

二、想一想，你所教的学科中还有哪些用语含有声母 z、c、s、zh、ch、sh，记录在下面的横线上，与同学们分组交流。

1. _____
2. _____
3. _____

综合实践三：情境化任务

从下面的教学情境中选择一个，说一说你的想法。可以参考本课学习的内容，并和老师或者小组中的同学交流。表达时要特别注意那些含有声母 z、c、s、zh、ch、sh 的字或词语的发音。

情境一

　　说一说人们为了计算方便发明了哪些计算工具。（建议参考朗读材料一做自由表述）

情境二

　　古诗赏析是语文教学的重点内容之一。请你结合课本中的一首古诗设计一个精读赏析教学环节，特别要注意引导学生分析并理解这首诗在修辞和表达上的特色。（建议参考朗读材料二做自由表述）

自评与收获

本课自评

是否完成本课所有练习	☐ 全部完成	☐ 完成大部分	☐ 完成小部分
对学习成果是否满意	☐ 非常满意	☐ 满意	☐ 不太满意

我的发音词典之 z、c、s、zh、ch、sh

重点、难点内容	字：
	词：
	句：
我觉得自己发音发得不错的内容	字：
	词：
	句：
我觉得自己还没有完全掌握的内容	字：
	词：
	句：

第 12 课 l、r

> **学习目标**
> ★ 准确听辨并正确朗读含有声母 l、r 的字、词；
> ★ 通过归纳，自主建立含有声母 l、r 的专业领域发音词典；
> ★ 能比较准确地说出含有声母 l、r 的语句，运用于教学工作。

> **课前思考**
> 在教学工作和生活中，你能想到哪些字、词含有声母 l、r？
> ● **分组讨论**：与小组成员一起讨论上述问题。
> ● **成果交流**：与全班分享讨论结果，选出符合条件的字、词。

快速起步：单字

录音"码"上听

▎练耳

听单音节字词，写出你听到的音节的声母。

1. ___　　2. ___　　3. ___　　4. ___　　5. ___　　6. ___
7. ___　　8. ___　　9. ___　　10. ___　　11. ___　　12. ___

▎开口

按照不同的声母归纳下面的字，并朗读这些字。

扔　　燃　　捞　　柳　　烈　　瓤
软　　拉　　让　　聆　　绕　　冷

声母是 l 的字有：_____

声母是 r 的字有：_____

动脑

记住上题中每个字的发音，并试着给每个字组两个词。

拉：_____　　聆：_____　　冷：_____　　烈：_____

扔：_____　　燃：_____　　软：_____　　让：_____

捞：_____　　瓢：_____　　柳：_____　　绕：_____

精准突破：词语

录音"码"上听

练耳

一、听录音，按照你听到的顺序在词语前的方框中标出序号，并朗读这些词语。

1. ☐ 溶解　　　☐ 龙井　　　☐ 入口　　　☐ 路口
2. ☐ 利润　　　☐ 立论　　　☐ 日落　　　☐ 利落
3. ☐ 玲珑　　　☐ 莲蓉　　　☐ 谦让　　　☐ 前浪

二、听录音，选出你听到的拼音，并把对应的选项填入括号中。

(　) 1. A gān nǎo　　　B gānlào　　　C gānrǎo

(　) 2. A ruòguàn　　　B liáoluàn　　　C rǎoluàn

(　) 3. A rǔyá　　　　B lùxià　　　　C wūyā

(　) 4. A xuànlàn　　　B xuànrǎn　　　C xuánniàn

(　) 5. A rìjì　　　　B lìjí　　　　　C rìzi

(　) 6. A rùnhuá　　　B lúnhuá　　　C wénhuà

开口

一、给下列词语中的加点字标出声母，并朗读这些词语。

1. _____ 燃料
2. _____ 热量
3. _____ 锐利
4. _____ 猎人
5. _____ 软饮料
6. _____ 零容忍
7. _____ 扔垃圾
8. _____ 联络人
9. _____ 热水龙头
10. _____ 人脸识别
11. _____ 如雷贯耳
12. _____ 眼花缭乱

二、朗读下列词语，注意每组词语之间的发音差别。

1. A 肝脑　　　　B 干酪　　　　C 干扰
2. A 弱冠　　　　B 缭乱　　　　C 扰乱
3. A 乳牙　　　　B 录下　　　　C 乌鸦
4. A 绚烂　　　　B 渲染　　　　C 悬念
5. A 日记　　　　B 立即　　　　C 日子
6. A 润滑　　　　B 轮滑　　　　C 文化

动脑

一、按照不同的声母归纳下面的词语，并记住它们的发音。

弱冠　缭乱　扰乱　绚烂　渲染　悬念　乳牙　录下　润滑
乌鸦　肝脑　干酪　干扰　日记　立即　日子　轮滑　文化

含有声母 l 的词语有：_____

含有声母 r 的词语有：_____

二、找出每组中声母组合模式相同的词语，小组讨论后，再写出三个声母组合模式相同的词语。

1. 例如　　落日　　录入　　冷热　　漏入　　理论

声母组合模式相同的词语有：_____

符合该组合模式的词语还有：_____

2. 忍让　　柔韧　　绕路　　荣辱　　容忍　　仍然

声母组合模式相同的词语有：_____

符合该组合模式的词语还有：_____

3. 容量　　染料　　锐利　　利润　　热量　　日历

声母组合模式相同的词语有：_____

符合该组合模式的词语还有：_____

4. 莅临　　榴梿　　粼粼　　凛冽　　绕梁　　嘹亮

声母组合模式相同的词语有：_____

符合该组合模式的词语还有：_____

5. 孔融　恐龙　渲染　叫嚷　烹饪　屈辱

声母组合模式相同的词语有：_____

符合该组合模式的词语还有：_____

6. 软磁　热潮　韧性　代入　熔点　锐化

声母组合模式相同的词语有：_____

符合该组合模式的词语还有：_____

专项提升：语句

录音"码"上听

开口

选择与下列短语或句子中的加点字对应的拼音，把选项填入括号中，并朗读这些短语或句子。

（　）1. 柏油路也软绵绵的

　　　A yuǎnmiánmián　　B luǎnmiánmián　　C ruǎnmiánmián

（　）2. 任凭人世间忙忙碌碌

　　　A rènpíng　　B lènpíng　　C rènpín

（　）3. 取义成仁今日事，人间遍种自由花。

　　　A qǔ yì chénglén　　B qǔ yì chéngrén　　C qǔ yì chénrén

（　）4. 一丈青大娘不依不饶，站在河边大骂不住声。

　　　A bùyī-bùnáo　　B bùyī-bùláo　　C bùyī-bùráo

（　）5. 糖类是一切生命体维持生命活动所需能量的主要来源。

　　　A tánglèi　　B lánglèi　　C tángrèi

（　）6. 均衡膳食"宝塔"建议我们每日摄入 50～100 克畜禽肉类。

　　　A yòulèi　　B ròulèi　　C lòuruì

动脑

朗读下列短语或句子，并按照每题的要求找出相应的字，注意这些字的读音。（重复的字只写一遍）

1. 牛们终于又上了驮，铃铛朗朗响着，急急地要离开这里。

声母是 l 的字有：_____

2. 日长篱落无人过

声母是 r 的字有：_____

3. 仁者爱人，有礼者敬人。

声母是 l 的字有：_____

声母是 r 的字有：_____

4. 人体每时每刻都在消耗能量，这些能量是由食物中的产热营养素提供的。

声母是 l 的字有：_____

声母是 r 的字有：_____

5. 保险丝会在电流异常升高到一定的高度和热度的时候，自身熔断切断电流。

声母是 l 的字有：_____

声母是 r 的字有：_____

6. 这时候要分辨出哪里是水，哪里是天，倒也不容易，因为我就只看见一片灿烂的亮光。

声母是 l 的字有：_____

声母是 r 的字有：_____

综合实践：语篇

录音"码"上听

综合实践一：专业材料朗读

材料一

　　质量相同的水和其他物质相比，在吸收或放出相同热量的情况下，水的温度变化要小一些，这就是水的比热容大的特点。这一特点在日常生产生活中经常被利用，例如汽车发动机、发电机等机器，在工作中要发热，通常要用循环流动的水来冷却。再如，烈日炎炎的夏季，白天海滩上的沙子热得烫脚，海水却很凉爽；傍晚，沙子很凉快了，但海水仍然温暖，这也表明沙子的比热容比海水的比热容小。

（改写自《中学教材全解·九年级物理上册》第 18 页和第 21 页）

第12课 l、r

一、朗读上面的材料，找出材料中含有声母l、r的词语，分别填入表格中的相应位置，并记住这些词语。（重复的词语只写一遍）

l	r

二、朗读下面的目标句，录音，提交给教师并获得反馈。完成朗读测评记录表。
目标句：烈日炎炎的夏季，白天海滩上的沙子热得烫脚，海水却很凉爽；傍晚，沙子很凉快了，但海水仍然温暖，这也表明沙子的比热容比海水的比热容小。

朗读测评记录表

次数	成绩	记录
我读了____遍。	我的成绩是____分。	我需要注意_____的发音。

材料二

　　王维的一首诗中有这样两句："大漠孤烟直，长河落日圆。"大家认为佳句。如果单就字面解释，大漠上一缕孤烟是笔直的，长河背后一轮落日是圆圆的，这有什么意思呢？或者再提出疑问：大漠上也许有几处地方聚集着人，难道不会有几缕的炊烟吗？假使起了风，烟不就曲折了吗？落日固然是圆的，难道朝阳就不圆吗？这样地提问，似乎是在研究，在考察，可是也领会不到这两句诗的意思。要领会这两句诗，得睁开眼睛来看。看到的只是十个文字呀。不错，我该说得清楚一点儿：在想象中睁开眼睛来，看这十个文字所构成的一幅图画。这幅图画简单得很，景物只选四样，大漠、长河、孤烟、落日，传出北方旷远荒凉的印象。给"孤烟"加上个"直"字，见得没有一丝的风，当然也没有风声，于是更来了个静寂的印象。给"落日"加上个"圆"字，并不是说唯有"落日"才"圆"，而是说"落日"挂在地平线上的时候才见得"圆"。圆圆的一轮"落日"不声不响地衬托在"长河"的背后，这又是多么静寂的境界啊！一个"直"，一个"圆"，在图画方面说起来，都是简单的线条，和那旷远荒凉的大漠、长河、孤烟、落日正相配合，构成通体的一致。

（节选自部编人教版《语文·九年级下册》第87页）

一、朗读上面的材料，找出材料中含有声母 l、r 的词语，分别填入表格中的相应位置，并记住这些词语。（重复的词语只写一遍）

l	r

二、两人一组，互相朗读给对方听，并完成朗读互评记录表。

朗读互评记录表

评分项	成绩
他/她的发音很准确。	A　B　C　D
他/她读得很流利。	A　B　C　D
他/她的语速很合适。	A　B　C　D

三、想一想，你所教的学科中还有哪些语篇中含有声母 l、r 的字、词比较多，找出来，分享给同学们，一起朗读。

综合实践二：教学用语示范

一、试着自然流利地读出下面的教学用语示例，注意那些含有声母 l、r 的字或词语，然后边听录音边修正自己的发音。

1. 昨天学了比热容，练习都交来了，错误率挺高的。
2. 为什么要用循环水冷却发电机？这个问题如何回答？
3. 应该很容易理解，傍晚沙子凉快了，海水仍然温暖。
4. 请你通篇阅读全文，梳理这篇课文的思路，提炼作者的主要观点。
5. 作者要论述如何鉴赏文艺作品，为什么在开篇大篇幅论述作者、读者以及文字之间的联系？
6. 作者以王维的诗句"大漠孤烟直，长河落日圆"为例赏析，从正反两方面对比论证，得出了结论："像这样驱遣着想象来看，这一幅图画就显现在眼前了，同时也就接触了作者的意境。"

二、想一想，你所教的学科中还有哪些用语含有声母l、r，记录在下面的横线上，与同学们分组交流。

1. _____。
2. _____。
3. _____。

■ **综合实践三：情境化任务**

从下面的教学情境中选择一个，说一说你的想法。可以参考本课学习的内容，并和老师或者小组中的同学交流。表达时要特别注意那些含有声母l、r的字或词语的发音。

情境一

假设你是物理老师，向学生解释为什么水的比热容大，并且给出一些生活实例，你会如何讲解？（建议参考朗读材料一做自由表述）

情境二

假设你是语文老师，请你结合具体教学内容，引导学生学习欣赏文艺作品的方法，体会文字背后的意蕴。（建议参考朗读材料二做自由表述）

自评与收获

■ **本课自评**

是否完成本课所有练习	☐ 全部完成	☐ 完成大部分	☐ 完成小部分
对学习成果是否满意	☐ 非常满意	☐ 满意	☐ 不太满意

■ **我的发音词典之l、r**

重点、难点内容	字：
	词：
	句：

（续表）

我觉得自己发音发得不错的内容	字：
	词：
	句：
我觉得自己还没有完全掌握的内容	字：
	词：
	句：

第13课　ai、ei、ao、ou

学习目标

★ 准确听辨并正确朗读含有韵母 ai、ei、ao、ou 的字、词；
★ 通过归纳，自主建立含有韵母 ai、ei、ao、ou 的专业领域发音词典；
★ 能比较准确地说出含有韵母 ai、ei、ao、ou 的语句，运用于教学工作。

课前思考

在教学工作和生活中，你能想到哪些字、词含有韵母 ai、ei、ao、ou？
● **分组讨论：** 与小组成员一起讨论上述问题。
● **成果交流：** 与全班分享讨论结果，选出符合条件的字、词。

快速起步：单字

录音"码"上听

练耳

听单音节字词，写出你听到的音节的韵母。

1. ____　　2. ____　　3. ____　　4. ____　　5. ____　　6. ____
7. ____　　8. ____　　9. ____　　10. ____　　11. ____　　12. ____

开口

按照不同的韵母归纳下面的字，并朗读这些字。

苞　　　逃　　　霉　　　费　　　胚　　　奏
奈　　　改　　　瞅　　　抬　　　收　　　卯

韵母是 ai 的字有：_____
韵母是 ei 的字有：_____
韵母是 ao 的字有：_____
韵母是 ou 的字有：_____

动脑

记住上题中每个字的发音，并试着给每个字组两个词。

胚：_____ 抬：_____ 改：_____ 奈：_____

苞：_____ 霉：_____ 卯：_____ 费：_____

收：_____ 逃：_____ 瞅：_____ 奏：_____

精准突破：词语

录音"码"上听

练耳

一、听录音，按照你听到的顺序在词语前的方框中标出序号，并朗读这些词语。

1. □ 海沟　　　　□ 黑狗　　　　□ 高照　　　　□ 构造
2. □ 召开　　　　□ 招考　　　　□ 年迈　　　　□ 联袂
3. □ 叩首　　　　□ 犒赏　　　　□ 稻草　　　　□ 抖擞

二、听录音，选出你听到的拼音，并把对应的选项填入括号中。

(　) 1. A ǒushù　　　B àoshù　　　C ǎi shù

(　) 2. A mào pào　　B mài bào　　C méimao

(　) 3. A yǔzhòu　　　B yùzhào　　　C yúzhōu

(　) 4. A fēnpèi　　　B fēnpài　　　C fèipào

(　) 5. A zāota　　　　B zhóutū　　　C cáozá

(　) 6. A báiyáng　　　B bāoyáng　　　C pēiyá

开口

一、给下列词语中的加点字标出韵母，并朗读这些词语。

1. _____ 广袤

2. _____ 守恒

3. _____ 百合

4. _____ 徘徊

5. _____ 白矮星

6. _____ 薄透镜

7. _____ 猕猴桃

8. _____ 绕口令

9. _____ 美洲大陆

10. _____ 赤道周长

11. _____ 海内知己

12. _____ 眉开眼笑

第13课　ai、ei、ao、ou

二、朗读下列词语，注意每组词语之间的发音差别。

1. A 偶数　　　　B 奥数　　　　C 矮树
2. A 冒泡　　　　B 卖报　　　　C 眉毛
3. A 宇宙　　　　B 预兆　　　　C 渔舟
4. A 分配　　　　B 分派　　　　C 肺泡
5. A 糟蹋　　　　B 轴突　　　　C 嘈杂
6. A 白杨　　　　B 褒扬　　　　C 胚芽

动脑

一、按照不同的韵母归纳下面的词语，并记住它们的发音。

偶数　奥数　矮树　冒泡　卖报　眉毛　宇宙　预兆　渔舟
分配　分派　肺泡　糟蹋　轴突　嘈杂　白杨　褒扬　胚芽

含有韵母 ai 的词语有：＿＿＿＿＿＿＿＿＿＿＿＿＿＿＿＿＿＿
含有韵母 ei 的词语有：＿＿＿＿＿＿＿＿＿＿＿＿＿＿＿＿＿＿
含有韵母 ao 的词语有：＿＿＿＿＿＿＿＿＿＿＿＿＿＿＿＿＿＿
含有韵母 ou 的词语有：＿＿＿＿＿＿＿＿＿＿＿＿＿＿＿＿＿＿

二、找出每组中韵母组合模式相同的词语，小组讨论后，再写出三个韵母组合模式相同的词语。

1. 氦气　　白磷　　海波　　台秤　　固态　　开路
韵母组合模式相同的词语有：＿＿＿＿＿＿＿＿＿＿＿＿＿＿＿
符合该组合模式的词语还有：＿＿＿＿＿＿＿＿＿＿＿＿＿＿＿

2. 筹集　　透明　　遨游　　偷懒　　篝火　　骤然
韵母组合模式相同的词语有：＿＿＿＿＿＿＿＿＿＿＿＿＿＿＿
符合该组合模式的词语还有：＿＿＿＿＿＿＿＿＿＿＿＿＿＿＿

3. 肥皂　　佩戴　　背带　　黑麦　　杯盖　　北海
韵母组合模式相同的词语有：＿＿＿＿＿＿＿＿＿＿＿＿＿＿＿
符合该组合模式的词语还有：＿＿＿＿＿＿＿＿＿＿＿＿＿＿＿

4. 豆包　　构造　　手套　　口罩　　壕沟　　漏勺
韵母组合模式相同的词语有：＿＿＿＿＿＿＿＿＿＿＿＿＿＿＿
符合该组合模式的词语还有：＿＿＿＿＿＿＿＿＿＿＿＿＿＿＿

5. 豆类　楼内　口碑　口罩　后背　扣费

韵母组合模式相同的词语有：＿＿＿＿＿＿＿＿＿＿

符合该组合模式的词语还有：＿＿＿＿＿＿＿＿＿＿

6. 头脑　薄厚　刀口　烤肉　高寿　遭受

韵母组合模式相同的词语有：＿＿＿＿＿＿＿＿＿＿

符合该组合模式的词语还有：＿＿＿＿＿＿＿＿＿＿

专项提升：语句

录音"码"上听

开口

选择与下列短语或句子中的加点字对应的拼音，把选项填入括号中，并朗读这些短语或句子。

（　　）1. 我国古代建筑中的榫卯结构

   A sǔnmǎi jiégòu　　　　B sǔnmǎo jiégòu　　　　C sǔnmǎo jiégào

（　　）2. 在夜晚的不同时刻，北斗七星会发生变化吗？

   A bǎidǒu　　　　B běidǎo　　　　C běidǒu

（　　）3. 投身革命即为家

   A tóushēn gàmìng　　　　B táoshēn gémìng　　　　C tóushēn gémìng

（　　）4. 海燕像黑色的闪电。

   A hēisè de shǎndiàn

   B hèsè de shǎndiàn

   C hēisǎi de shǎndiàn

（　　）5. 人们通常在屋顶最高处安装避雷带。

   A bìléidài　　　　B bìláidài　　　　C bìléidào

（　　）6. 仔细观察，看看哪一块面包上的霉菌生长得快。

   A mójūn　　　　B méijūn　　　　C máijūn

第13课　ai、ei、ao、ou

■ 动脑

朗读下列句子，并按照每题的要求找出相应的字，注意这些字的读音。（重复的字只写一遍）

1. 玻璃体是典型的非晶体，所以非晶态又称为玻璃态。

韵母是 ai 的字有：_____

韵母是 ei 的字有：_____

2. 海面上波涛澎湃的时候，海底依然很宁静。

韵母是 ao 的字有：_____

韵母是 ou 的字有：_____

3. 在沙滩上，我们垒起城堡，城堡周围筑起围墙。

韵母是 ai 的字有：_____

韵母是 ei 的字有：_____

韵母是 ao 的字有：_____

韵母是 ou 的字有：_____

4. 他好喝酒，脾气大，爱打抱不平，为朋友敢两肋插刀。

韵母是 ai 的字有：_____

韵母是 ei 的字有：_____

韵母是 ao 的字有：_____

韵母是 ou 的字有：_____

5. 舞蹈表演中的节奏与韵律展现出了动态之美。

韵母是 ai 的字有：_____

韵母是 ei 的字有：_____

韵母是 ao 的字有：_____

韵母是 ou 的字有：_____

6. 池塘里有一群小蝌蚪，大大的脑袋，黑灰色的身子，甩着长长的尾巴，快活地游来游去。

韵母是 ai 的字有：_____

韵母是 ei 的字有：_____

韵母是 ao 的字有：_____

韵母是 ou 的字有：_____

综合实践：语篇

录音"码"上听

■ 综合实践一：专业材料朗读

材料一

  电脑在睡眠状态下 24 小时的耗电量大约为 7.5 瓦，即便关了机，只要插头没有拔掉，电脑照样有 4.81 瓦的耗电。调查发现，我国城市家庭的平均待机能耗相当于每户使用一盏 15～30 瓦的长明灯。照此推算，一户普通人家一年因待机而消耗的电能，折合人民币近 60 元。全北京市 300 多万户居民家庭每年要为待机能耗支付 1.8 亿元。所以，用完电器后拔掉电源是一种有效的节能办法。

（改写自人教版《科学·六年级下册》第 14 页）

一、朗读上面的材料，找出材料中含有韵母 ai、ei、ao、ou 的词语，分别填入表格中的相应位置，并记住这些词语。（重复的词语只写一遍）

ai	ei	ao	ou

二、朗读下面的目标句，录音，提交给教师并获得反馈。完成朗读测评记录表。

  目标句：全北京市 300 多万户居民家庭每年要为待机能耗支付 1.8 亿元。所以，用完电器后拔掉电源是一种有效的节能办法。

朗读测评记录表

次数	成绩	记录
我读了____遍。	我的成绩是____分。	我需要注意_____的发音。

第13课　ai、ei、ao、ou

材料二

　　不必说碧绿的菜畦，光滑的石井栏，高大的皂荚树，紫红的桑椹；也不必说鸣蝉在树叶里长吟，肥胖的黄蜂伏在菜花上，轻捷的叫天子（云雀）忽然从草间直窜向云霄里去了。单是周围的短短的泥墙根一带，就有无限趣味。油蛉在这里低唱，蟋蟀们在这里弹琴。翻开断砖来，有时会遇见蜈蚣；还有斑蝥，倘若用手指按住它的脊梁，便会拍的一声，从后窍喷出一阵烟雾。何首乌藤和木莲藤缠络着，木莲有莲房一般的果实，何首乌有拥肿的根。有人说，何首乌根是有像人形的，吃了便可以成仙，我于是常常拔它起来，牵连不断地拔起来，也曾因此弄坏了泥墙，却从来没有见过有一块根像人样。如果不怕刺，还可以摘到覆盆子，像小珊瑚珠攒成的小球，又酸又甜，色味都比桑椹要好得远。

　　　　　　　　　　　　（节选自部编人教版《语文·七年级上册》第38～39页）

一、朗读上面的材料，找出材料中含有韵母 ai、ei、ao、ou 的词语，分别填入表格中的相应位置，并记住这些词语。(重复的词语只写一遍)

ai	ei	ao	ou

二、两人一组，互相朗读给对方听，并完成朗读互评记录表。

朗读互评记录表

评分项	成绩
他/她的发音很准确。	A　B　C　D
他/她读得很流利。	A　B　C　D
他/她的语速很合适。	A　B　C　D

三、想一想，你所教的学科中还有哪些语篇中含有韵母 ai、ei、ao、ou 的字、词比较多，找出来，分享给同学们，一起朗读。

综合实践二：教学用语示范

一、试着自然流利地读出下面的教学用语示例，注意那些含有韵母 ai、ei、ao、ou 的字或词语，然后边听录音边修正自己的发音。

1. 你知道哪些有效的节能办法？请举例说明。
2. 电脑在睡眠状态下 24 小时的耗电量大约有多少？
3. 一户普通人家一年因待机而消耗的电能大概需要花多少钱？
4. 把前后两部分联系起来思考，分组讨论：这篇文章表达了作者怎样的思想感情？
5. 本文描写了两个景物，它们之间是什么关系？作者用了哪些修辞手法？表达了怎样的思想感情？
6. 本段连续使用了一系列动词。仔细品味，然后仿照着写一段话，并试着用上一系列动词。

二、想一想，你所教的学科中还有哪些用语含有韵母 ai、ei、ao、ou，记录在下面的横线上，与同学们分组交流。

1. _____。
2. _____。
3. _____。

综合实践三：情境化任务

从下面的教学情境中选择一个，说一说你的想法。可以参考本课学习的内容，并和老师或者小组中的同学交流。表达时要特别注意那些含有韵母 ai、ei、ao、ou 的字或词语的发音。

情境一

　　作为教师，请你举例子向学生说明我们在日常生活中应该节约用电。（建议参考朗读材料一做自由表述）

情境二

　　初中语文课文中不乏一些名家的经典散文。那么，教师应如何引导学生准确把握作者的写景手法，了解写景的基本原则和常用手法？如何引导学生从语言入手理解课文中的写景和抒情？请你来设计一下。（建议参考朗读材料二做自由表述）

第 13 课　ai、ei、ao、ou

自评与收获

■ 本课自评

是否完成本课所有练习	□ 全部完成	□ 完成大部分	□ 完成小部分
对学习成果是否满意	□ 非常满意	□ 满意	□ 不太满意

■ 我的发音词典之 ai、ei、ao、ou

重点、难点内容	字：
	词：
	句：
我觉得自己发音发得不错的内容	字：
	词：
	句：
我觉得自己还没有完全掌握的内容	字：
	词：
	句：

第14课　iɑ、ie、uɑ、uo、üe

> **学习目标**
> ★ 准确听辨并正确朗读含有韵母 iɑ、ie、uɑ、uo、üe 的字、词；
> ★ 通过归纳，自主建立含有韵母 iɑ、ie、uɑ、uo、üe 的专业领域发音词典；
> ★ 能比较准确地说出含有韵母 iɑ、ie、uɑ、uo、üe 的语句，运用于教学工作。

> **课前思考**
> 在教学工作和生活中，你能想到哪些字、词含有韵母 iɑ、ie、uɑ、uo、üe？
> ● **分组讨论**：与小组成员一起讨论上述问题。
> ● **成果交流**：与全班分享讨论结果，选出符合条件的字、词。

快速起步：单字

录音"码"上听

练耳

听单音节字词，写出你听到的音节的韵母。

1. ____　　2. ____　　3. ____　　4. ____　　5. ____　　6. ____
7. ____　　8. ____　　9. ____　　10. ____　　11. ____　　12. ____

开口

按照不同的韵母归纳下面的字，并朗读这些字。

灭　　　峡　　　约　　　瓦　　　耍　　　搓
芽　　　略　　　叠　　　拙　　　洽　　　裂

韵母是 iɑ 的字有：_____

韵母是 ie 的字有：_____

韵母是 uɑ 的字有：_____

韵母是 uo 的字有：_____

韵母是 üe 的字有：_____

动脑

记住上题中每个字的发音，并试着给每个字组两个词。

拙：_____ _____   峡：_____ _____   瓦：_____ _____   洽：_____ _____

搓：_____ _____   叠：_____ _____   耍：_____ _____   灭：_____ _____

约：_____ _____   芽：_____ _____   裂：_____ _____   略：_____ _____

精准突破：词语

录音"码"上听

练耳

一、听录音，按照你听到的顺序在词语前的方框中标出序号，并朗读这些词语。

1. □ 下棋　　　□ 泄气　　　□ 蜗牛　　　□ 洼地
2. □ 领略　　　□ 凛冽　　　□ 滑翔　　　□ 藿香
3. □ 抄写　　　□ 巢穴　　　□ 具结　　　□ 拒绝

二、听录音，选出你听到的拼音，并把对应的选项填入括号中。

(　　) 1. A jùjué　　　B jìjié　　　C jǔjué

(　　) 2. A jué dī　　　B jiětí　　　C jiǎtǐ

(　　) 3. A qiǎzi　　　B qiézi　　　C quézi

(　　) 4. A wōtóu　　　B wā tǔ　　　C yā tǔ

(　　) 5. A Nǚwā　　　B lùhuà　　　C Lǎowō

(　　) 6. A qìxuè　　　B xìxuè　　　C qìxiè

开口

一、给下列词语中的加点字标出韵母，并朗读这些词语。

1. _____　　2. _____　　3. _____　　4. _____

　　牙刷　　　　　拖鞋　　　　　确切　　　　　雪花

5. _____	6. _____	7. _____	8. _____
落花生	挖掘机	活化石	火烈鸟
9. _____	10. _____	11. _____	12. _____
灭活疫苗	鸦雀无声	压缩空气	冰雪融化

二、朗读下列词语，注意每组词语之间的发音差别。

1. A 拒绝　　　　B 季节　　　　C 咀嚼
2. A 决堤　　　　B 解题　　　　C 假体
3. A 卡子　　　　B 茄子　　　　C 瘸子
4. A 窝头　　　　B 挖土　　　　C 压土
5. A 女娲　　　　B 氯化　　　　C 老挝
6. A 气血　　　　B 戏谑　　　　C 器械

动脑

一、按照不同的韵母归纳下面的词语，并记住它们的发音。

拒绝　季节　咀嚼　决堤　解题　假体　卡子　茄子　瘸子
窝头　挖土　压土　女娲　氯化　老挝　吸血　戏谑　器械

含有韵母 ia 的词语有：_____

含有韵母 ie 的词语有：_____

含有韵母 ua 的词语有：_____

含有韵母 uo 的词语有：_____

含有韵母 üe 的词语有：_____

二、找出每组中韵母组合模式相同的词语，小组讨论后，再写出三个韵母组合模式相同的词语。

1. 蛱蝶　　下页　　掐灭　　虾蟹　　压裂　　切下

韵母组合模式相同的词语有：_____

符合该组合模式的词语还有：_____

2. 节约　　月夜　　决裂　　血液　　越野　　确切

韵母组合模式相同的词语有：_____

符合该组合模式的词语还有：_____

3. 啰唆　骆驼　陀螺　懦弱　收缩　做窝
韵母组合模式相同的词语有：_____
符合该组合模式的词语还有：_____

4. 下界　切牙　叠加　跌下　铁甲　结痂
韵母组合模式相同的词语有：_____
符合该组合模式的词语还有：_____

5. 说话　花费　剐蹭　跨栏　抓举　刷新
韵母组合模式相同的词语有：_____
符合该组合模式的词语还有：_____

6. 倭瓜　说话　拖垮　跨国　锅刷　火花
韵母组合模式相同的词语有：_____
符合该组合模式的词语还有：_____

专项提升：语句

录音"码"上听

开口

选择与下列短语或句子中的加点字对应的拼音，把选项填入括号中，并朗读这些短语或句子。

(　　) 1. 牛郎织女会鹊桥
　　　A quèqiáo　　　　　B qièqiáo　　　　　C qiàqiáo

(　　) 2. 6500多万年前，恐龙灭绝了。
　　　A mièjié　　　　　B mìjué　　　　　C mièjué

(　　) 3. 外祖母今年不比往年健康，但仍不辍劳作，尤喜纺棉。
　　　A bù chuō láozuò　　B bù chōu láozuò　　C bú chuò láozuò

(　　) 4. 夜来风雨声，花落知多少。
　　　A dōushǎo　　　　B duōshǒu　　　　C duōshǎo

(　　) 5. 月球表面有许多山脉、坑穴和大面积的平原。
　　　A kēngxié　　　　B kēngxuè　　　　C kēngxué

31

(　　) 6. 在唾液、胃液等体液的作用下，食物中不溶于水的营养成分变成了溶于水的物质。

    A tuòyuè   B tuòyè   C tuīyè

■ 动脑

朗读下列句子，并按照每题的要求找出相应的字，注意这些字的读音。（重复的字只写一遍）

1. 中国白手起家，一切从零开始。

  韵母是 ia 的字有：_____

2. 以一个方程的所有解为元素的集合叫作该方程的解集。

  韵母是 ie 的字有：_____

3. 在力学里，典型的滑轮是可以绕着中心轴旋转的圆轮。

  韵母是 ua 的字有：_____

4. 扩散速度在气体中最大，液体中其次，固体中最小。

  韵母是 uo 的字有：_____

5. 梅须逊雪三分白，雪却输梅一段香。

  韵母是 üe 的字有：_____

6. 它所有的丫枝一律向上，而且紧紧靠拢，也像加过人工似的，成为一束，绝不旁逸斜出。

  韵母是 ia 的字有：_____
  韵母是 ie 的字有：_____
  韵母是 ua 的字有：_____
  韵母是 uo 的字有：_____
  韵母是 üe 的字有：_____

第14课　ia、ie、ua、uo、üe

录音"码"上听

综合实践：语篇

综合实践一：专业材料朗读

材料一

　　恐龙的突然灭绝至今仍是一个难解之谜。有的科学家认为这跟小行星撞击地球表面有关，有的认为与当时的大气成分变化有关。因为有证据表明，在恐龙生活的那个年代，大气中二氧化碳的浓度很高，但在它们灭绝以后的年代，大气中的二氧化碳浓度却较低。还有科学家认为恐龙的灭绝与自身免疫缺陷有关，当时有一种新的传染病在恐龙家族中流行，由于恐龙缺乏一种抗病毒的免疫机制，从而导致灭绝。不过，这些关于恐龙灭绝的假说都有一些不完善的地方。

（改写自人教版《科学·六年级下册》第39页）

一、朗读上面的材料，找出材料中含有韵母 ia、ie、ua、uo、üe 的词语，分别填入表格中的相应位置，并记住这些词语。（重复的词语只写一遍）

ia	ie	ua	uo	üe

二、朗读下面的目标句，录音，提交给教师并获得反馈。完成朗读测评记录表。

　　目标句：还有科学家认为恐龙的灭绝与自身免疫缺陷有关，当时有一种新的传染病在恐龙家族中流行，由于恐龙缺乏一种抗病毒的免疫机制，从而导致灭绝。不过，这些关于恐龙灭绝的假说都有一些不完善的地方。

朗读测评记录表

次数	成绩	记录
我读了＿＿遍。	我的成绩是＿＿分。	我需要注意＿＿＿＿＿的发音。

材料二

　　雪，下个不停，一连下了好几天。

　　这天早上，天晴了，兔妈妈要出门。小白兔嚷起来："妈妈，妈妈，我也要去！"

　　兔妈妈说："好孩子，妈妈有事，你不能跟着去。"兔妈妈在门外的空地上给小白兔堆了个雪孩子。小白兔有了小伙伴，就不跟妈妈去了。

　　小白兔跳舞给雪孩子看，唱歌给雪孩子听。它玩累了，就回家去睡午觉。"屋子里真冷，赶快往火堆里添把柴吧！"

　　小白兔添了柴，把火烧得旺旺的，屋子里渐渐暖和了。它躺在床上，闭上眼睛，一会儿就睡着了。

　　火越烧越旺。哎呀，火把旁边的柴堆烧着了！小白兔睡得正香，它一点儿也不知道。

　　"不好了！小白兔家着火了！"雪孩子看见小白兔家的窗户里冒出了黑烟，还蹿出了火星。它一边喊，一边向小白兔家奔去。

　　"小白兔！小白兔！你在哪里？"雪孩子冲进屋里，冒着呛人的烟、烫人的火，找哇找哇，终于找到了小白兔。它连忙把小白兔抱起来，跑到了屋外。

　　小白兔得救了，雪孩子却浑身水淋淋的。

　　这时候，树林里的小猴子、小山羊都赶来救火了。不一会儿，大家就把火扑灭了。

　　兔妈妈回来后激动地说："谢谢大家来救火，救了小白兔，谢谢大家！"

　　"咦？是谁救了小白兔？"小动物们说，"真得谢谢它呢！"

　　这时，救小白兔的雪孩子不见了，它已经化成水了。

　　不，雪孩子还在呢！瞧，在太阳的照耀下，它变成了很轻很轻的水汽，飞呀，飞呀，飞上天空，变成了一朵白云，一朵美丽的白云。

　　　　　　　　　　　　（选自部编人教版《语文·二年级上册》第94～96页）

一、朗读上面的材料，找出材料中含有韵母 ia、ie、ua、uo、üe 的词语，分别填入表格中的相应位置，并记住这些词语。（重复的词语只写一遍）

ia	ie	ua	uo	üe

二、两人一组，互相朗读给对方听，并完成朗读互评记录表。

朗读互评记录表

评分项	成绩
他/她的发音很准确。	A　B　C　D
他/她读得很流利。	A　B　C　D
他/她的语速很合适。	A　B　C　D

三、想一想，你所教的学科中还有哪些语篇中含有韵母 ia、ie、ua、uo、üe 的字、词比较多，找出来，分享给同学们，一起朗读。

综合实践二：教学用语示范

一、试着自然流利地读出下面的教学用语示例，注意那些含有韵母 ia、ie、ua、uo、üe 的字或词语，然后边听录音边修正自己的发音。

1. 你知道恐龙灭绝的原因是什么吗？
2. 阅读本段，说一说科学家认为恐龙灭绝和什么有关系。
3. 你还知道哪些恐龙灭绝的假说？
4. 多读几遍课文，越熟越好，最好背下来。
5. 假如你是小兔，你会怎么做？请续写这个童话故事。
6. 雪孩子去哪儿了？画出你所想象的画面。

二、想一想，你所教的学科中还有哪些用语含有韵母 ia、ie、ua、uo、üe，记录在下面的横线上，与同学们分组交流。

1. _____。
2. _____。
3. _____。

综合实践三：情境化任务

从下面的教学情境中选择一个，说一说你的想法。可以参考本课学习的内容，并和老师或者小组中的同学交流。表达时要特别注意那些含有韵母 ia、ie、ua、uo、üe 的字或词语的发音。

情境一

跟学生一起去博物馆参观恐龙化石展览,你可以跟他们聊些什么?(建议参考朗读材料一做自由表述)

情境二

作为教师,你会如何引导学生展开想象,续写童话?(建议参考朗读材料二做自由表述)

自评与收获

▌本课自评

是否完成本课所有练习	□ 全部完成	□ 完成大部分	□ 完成小部分
对学习成果是否满意	□ 非常满意	□ 满意	□ 不太满意

▌我的发音词典之 ia、ie、ua、uo、üe

重点、难点内容	字:
	词:
	句:
我觉得自己发音发得不错的内容	字:
	词:
	句:
我觉得自己还没有完全掌握的内容	字:
	词:
	句:

第 15 课　iao、iou、uai、uei、er

学习目标

★ 准确听辨并正确朗读含有韵母 iao、iou、uai、uei、er 的字、词；
★ 通过归纳，自主建立含有韵母 iao、iou、uai、uei、er 的专业领域发音词典；
★ 能比较准确地说出含有韵母 iao、iou、uai、uei、er 的语句，运用于教学工作。

课前思考

在教学工作和生活中，你能想到哪些字、词含有韵母 iao、iou、uai、uei、er？
● **分组讨论**：与小组成员一起讨论上述问题。
● **成果交流**：与全班分享讨论结果，选出符合条件的字、词。

快速起步：单字

录音"码"上听

练耳

听单音节字词，写出你听到的音节的韵母。

1. ___　　2. ___　　3. ___　　4. ___　　5. ___　　6. ___
7. ___　　8. ___　　9. ___　　10. ___　　11. ___　　12. ___

开口

按照不同的韵母归纳下面的字，并朗读这些字。

| 微 | 焦 | 饵 | 对 | 拐 | 摔 |
| 而 | 魁 | 扭 | 外 | 窍 | 流 |

韵母是 iao 的字有：_____
韵母是 iou 的字有：_____
韵母是 uai 的字有：_____

韵母是 uei 的字有：_____

韵母是 er 的字有：_____

动脑

记住上题中每个字的发音，并试着给每个字组两个词。

焦：_____　　流：_____　　扭：_____　　窍：_____

微：_____　　而：_____　　拐：_____　　外：_____

摔：_____　　魁：_____　　饵：_____　　对：_____

精准突破：词语

录音"码"上听

练耳

一、听录音，按照你听到的顺序在词语前的方框中标出序号，并朗读这些词语。

1. □ 摔跤　　　　□ 睡觉　　　　□ 教材　　　　□ 韭菜
2. □ 教诲　　　　□ 脚踝　　　　□ 耳饰　　　　□ 委实
3. □ 叫嚣　　　　□ 求救　　　　□ 郊区　　　　□ 酒曲

二、听录音，选出你听到的拼音，并把对应的选项填入括号中。

（　　）1. A jiūzhèng　　　B jiǎozhèng　　　C jiàozhèng

（　　）2. A qiǎohé　　　　B qiúhé　　　　　C qiūhè

（　　）3. A wèilái　　　　B wàilái　　　　　C wēihài

（　　）4. A yāohe　　　　B yòuhuò　　　　C yǎohé

（　　）5. A wéixì　　　　B wéijì　　　　　C wāixié

（　　）6. A yīwēi　　　　B yìwài　　　　　C yǐwéi

开口

一、给下列词语中的加点字标出韵母，并朗读这些词语。

1. _____　　2. _____　　3. _____　　4. _____

　　窈窕　　　　　　回味　　　　　　缴费　　　　　　幼儿

5. _____   6. _____   7. _____   8. _____
   尾椎骨   对角线   胃溃疡   煤焦油

9. _____   10. _____   11. _____   12. _____
   地表径流   水土流失   二氧化硅   游标卡尺

二、朗读下列词语，注意每组词语之间的发音差别。

1. A 纠正   B 矫正   C 校正
2. A 巧合   B 求和   C 丘壑
3. A 未来   B 外来   C 危害
4. A 吆喝   B 诱惑   C 咬合
5. A 维系   B 违纪   C 歪斜
6. A 依偎   B 意外   C 以为

动脑

一、按照不同的韵母归纳下面的词语，并记住它们的发音。

纠正　歪斜　校正　求和　以为　丘壑　意外　外来　危害
吆喝　维系　违纪　咬合　未来　矫正　依偎　诱惑　巧合

含有韵母 iao 的词语有：_____

含有韵母 iou 的词语有：_____

含有韵母 uai 的词语有：_____

含有韵母 uei 的词语有：_____

二、找出每组中韵母组合模式相同的词语，小组讨论后，再写出三个韵母组合模式相同的词语。

1. 旧桥　丢掉　球票　求教　要求　揪掉

韵母组合模式相同的词语有：_____

符合该组合模式的词语还有：_____

2. 对外　摔碎　硅块　毁坏　碎块　水怪

韵母组合模式相同的词语有：_____

符合该组合模式的词语还有：_____

3. 求救　走丢　逗留　头球　周游　丑牛
韵母组合模式相同的词语有：_____
符合该组合模式的词语还有：_____

4. 飘摇　咆哮　叫嚣　调料　小桥　缥缈
韵母组合模式相同的词语有：_____
符合该组合模式的词语还有：_____

5. 慢悠悠　轻悄悄　酸溜溜　绿油油　黑黝黝　静幽幽
韵母组合模式相同的词语有：_____
符合该组合模式的词语还有：_____

6. 摧毁　回味　追悔　归队　衰退　愧对
韵母组合模式相同的词语有：_____
符合该组合模式的词语还有：_____

专项提升：语句

录音"码"上听

开口

选择与下列短语或句子中的加点字对应的拼音，把选项填入括号中，并朗读这些短语或句子。

(　　) 1. 日晷是我国古代较为普遍使用的计时仪器。
　　　　A rìguǐ　　　　　　B rìkuǐ　　　　　　C yìguǐ

(　　) 2. 蒸馏法是海水淡化的最原始方法。
　　　　A zhēngliú　　　　B zhēngyóu　　　　C zhēngliáo

(　　) 3. 在制作过程中，若发现有不完善的地方需及时调整。
　　　　A tiàozhěng　　　B tiáozhěng　　　　C diàozhěng

(　　) 4. 这些鸭子十分乖巧。
　　　　A guāiqiǎo　　　　B gāiqiǎo　　　　　C guāiqiǔ

(　　) 5. 落到一个熟睡中的婴儿的头发上
　　　　A yīn'ér　　　　　B yīng'é　　　　　　C yīng'ér

(　　) 6. 漂浮在水面上的物体会受到水对它竖直向上的力，这种力就是浮力。

　　　　A piàofú　　　　　　B piāofú　　　　　　C biūfú

动脑

朗读下列句子，并按照每题的要求找出相应的字，注意这些字的读音。(重复的字只写一遍)

1. 迢迢牵牛星，皎皎河汉女。

　韵母是 iao 的字有：_____

2. 借问酒家何处有，牧童遥指杏花村。

　韵母是 iou 的字有：_____

3. 坏血症是由于缺乏维生素 C 使体内的胶原蛋白不能正常形成导致的。

　韵母是 uai 的字有：_____

4. 所谓归纳，是指通过对特例的分析来引出普遍结论的一种推理形式。

　韵母是 uei 的字有：_____

5. 先天下之忧而忧，后天下之乐而乐。

　韵母是 er 的字有：_____

6. 也许因为我们不过是小小的草民，即便怀有效仿的渴望，也总是可望而不可即，便以位卑宽宥了自己。

　韵母是 iao 的字有：_____
　韵母是 iou 的字有：_____
　韵母是 uai 的字有：_____
　韵母是 uei 的字有：_____
　韵母是 er 的字有：_____

综合实践：语篇

录音"码"上听

■ 综合实践一：专业材料朗读

材料一

  小木船赶着鸭子，不知行驶了多久，当杜小康回头一看，已经不见油麻地时，他居然对父亲说："我不去放鸭了，我要上岸回家……"他站在船上，向后眺望，除了朦朦胧胧的树烟，什么也没有了。

  杜雍和沉着脸，绝不回头去看一眼。他对杜小康带着哭腔的请求置之不理，只是不停地撑着船，将鸭子一个劲儿赶向前方。

  鸭群在船前形成一个倒置的扇面形，奋力向前推进的同时，造成了一个扇面形水流。每只鸭子本身，又有着自己用身体分开的小扇面形水流。它们在大扇面形水流之中，支撑了似乎很有规律性的花纹。

（节选自部编人教版《语文·九年级上册》第77页）

一、朗读上面的材料，找出材料中含有韵母 iao、iou、uai、uei 的词语，分别填入表格中的相应位置，并记住这些词语。（重复的词语只写一遍）

iao	iou	uai	uei

二、朗读下面的目标句，录音，提交给教师并获得反馈。完成朗读测评记录表。

  目标句：鸭群在船前形成一个倒置的扇面形，奋力向前推进的同时，造成了一个扇面形水流。每只鸭子本身，又有着自己用身体分开的小扇面形水流。

朗读测评记录表

次数	成绩	记录
我读了＿＿遍。	我的成绩是＿＿分。	我需要注意＿＿＿＿＿＿的发音。

材料二

　　由三条线段围成，且每相邻两条线段的端点相连的图形叫作三角形。从三角形的一个顶点到它的对边作一条垂线，顶点和垂足之间的线段叫作三角形的高，这条对边叫作三角形的底。三角形可以分为锐角三角形、直角三角形和钝角三角形。两条边相等的三角形是等腰三角形。三条边相等的三角形是等边三角形，它也属于等腰三角形。下面，请同学们随意画三个三角形，再用量角器快速量一量它们的各个角，并求出这些三角形内角的和。

（改写自人教版《数学·四年级下册》第60～67页）

一、朗读上面的材料，找出材料中含有韵母iao、iou、uai、uei 的词语，分别填入表格中的相应位置，并记住这些词语。(重复的词语只写一遍)

iao	iou	uai	uei

二、两人一组，互相朗读给对方听，并完成朗读互评记录表。

朗读互评记录表

评分项	成绩
他/她的发音很准确。	A　B　C　D
他/她读得很流利。	A　B　C　D
他/她的语速很合适。	A　B　C　D

三、想一想，你所教的学科中还有哪些语篇中含有韵母iao、iou、uai、uei、er 的字、词比较多，找出来，分享给同学们，一起朗读。

■ **综合实践二：教学用语示范**

一、试着自然流利地读出下面的教学用语示例，注意那些含有韵母iao、iou、uai、uei 的字或词语，然后边听录音边修正自己的发音。

　　1.请你查阅资料，找到"油麻地"在什么地方。

2. 对于杜小康的要求,他的爸爸是什么态度?
3. 作者在描写水面的鸭群时,采用了哪些修辞手法?表达了作者什么样的情感?
4. 怎样能较快地把小数化成分数?
5. 下面的图形中各有多少个三角形?有什么规律?
6. 回忆下面的图形面积计算公式的推导过程,写出计算公式。

二、想一想,你所教的学科中还有哪些用语含有韵母 iao、iou、uai、uei、er,记录在下面的横线上,与同学们分组交流。

1. _____。
2. _____。
3. _____。

综合实践三:情境化任务

从下面的教学情境中选择一个,说一说你的想法。可以参考本课学习的内容,并和老师或者小组中的同学交流。表达时要特别注意那些含有韵母 iao、iou、uai、uei、er 的字或词语的发音。

情境一

　　语文课上,教师要如何引导学生理解景物及动作描写中蕴含的情感?请你结合具体教学内容来说明一下。(建议参考朗读材料一做自由表述)

情境二

　　作为教师,如何引导学生进入"三角形内角和"知识的学习中?(建议参考朗读材料二做自由表述)

自评与收获

本课自评

是否完成本课所有练习	☐ 全部完成	☐ 完成大部分	☐ 完成小部分
对学习成果是否满意	☐ 非常满意	☐ 满意	☐ 不太满意

我的发音词典之 iao、iou、uai、uei、er

重点、难点内容	字:
	词:
	句:
我觉得自己发音发得不错的内容	字:
	词:
	句:
我觉得自己还没有完全掌握的内容	字:
	词:
	句:

第16课　an、ang、ian、iang

学习目标

★ 准确听辨并正确朗读含有韵母 an、ang、ian、iang 的字、词；
★ 通过归纳，自主建立含有韵母 an、ang、ian、iang 的专业领域发音词典；
★ 能比较准确地说出含有韵母 an、ang、ian、iang 的语句，运用于教学工作。

课前思考

在教学工作和生活中，你能想到哪些字、词含有韵母 an、ang、ian、iang？

● **分组讨论**：与小组成员一起讨论上述问题。
● **成果交流**：与全班分享讨论结果，选出符合条件的字、词。

快速起步：单字

录音"码"上听

练耳

听单音节字词，写出你听到的音节的韵母。

1.＿＿＿　2.＿＿＿　3.＿＿＿　4.＿＿＿　5.＿＿＿　6.＿＿＿
7.＿＿＿　8.＿＿＿　9.＿＿＿　10.＿＿＿　11.＿＿＿　12.＿＿＿

开口

按照不同的韵母归纳下面的字，并朗读这些字。

攀　　乡　　纤　　杠　　酿　　蛮
仰　　廊　　延　　暂　　遣　　仿

韵母是 an 的字有：＿＿＿＿＿＿＿＿＿＿＿＿＿＿＿＿＿＿＿＿
韵母是 ang 的字有：＿＿＿＿＿＿＿＿＿＿＿＿＿＿＿＿＿＿＿＿
韵母是 ian 的字有：＿＿＿＿＿＿＿＿＿＿＿＿＿＿＿＿＿＿＿＿

韵母是 iang 的字有：_____

动脑

记住上题中每个字的发音，并试着给每个字组两个词。

攀：_____   蛮：_____   仿：_____   暂：_____

纤：_____   廊：_____   仰：_____   杠：_____

乡：_____   延：_____   遣：_____   酿：_____

精准突破：词语

录音"码"上听

练耳

一、听录音，按照你听到的顺序在词语前的方框中标出序号，并朗读这些词语。

1. □ 涨潮   □ 江潮   □ 扁担   □ 榜单
2. □ 分量   □ 风浪   □ 绽放   □ 账房
3. □ 安适   □ 昂视   □ 闲情   □ 响晴

二、听录音，选出你听到的拼音，并把对应的选项填入括号中。

( ) 1. A bānzhú   B bāngzhù   C biānzhù
( ) 2. A chàndǒu   B chántóu   C qiāntóu
( ) 3. A dàng'àn   B dāngāng   C diàngōng
( ) 4. A miǎntiǎn   B miàntán   C mǎn tiān
( ) 5. A liánmián   B liángmiàn   C lànmàn
( ) 6. A xiàngliàng B xiànliàng   C xiànglián

开口

一、给下列词语中的加点字标出韵母，并朗读这些词语。

1. _____ 岸边
2. _____ 闲散
3. _____ 变量
4. _____ 荡漾
5. _____ 降雨量
6. _____ 显像管
7. _____ 抗氧化
8. _____ 炸酱面

| 9. _____ | 10. _____ | 11. _____ | 12. _____ |
| 反射光线 | 狼吞虎咽 | 健康长寿 | 毫不相干 |

二、朗读下列词语，注意每组词语之间的发音差别。

1. A 斑竹　　　　B 帮助　　　　C 编著
2. A 颤抖　　　　B 缠头　　　　C 牵头
3. A 档案　　　　B 担纲　　　　C 电工
4. A 腼腆　　　　B 面谈　　　　C 满天
5. A 连绵　　　　B 凉面　　　　C 烂漫
6. A 向量　　　　B 限量　　　　C 项链

动脑

一、按照不同的韵母归纳下面的词语，并记住它们的发音。

斑竹　帮助　编著　颤抖　缠头　牵头　档案　担纲　电工
腼腆　面谈　满天　连绵　凉面　烂漫　向量　限量　项链

含有韵母 an 的词语有：_____

含有韵母 ang 的词语有：_____

含有韵母 ian 的词语有：_____

含有韵母 iang 的词语有：_____

二、找出每组中韵母组合模式相同的词语，小组讨论后，再写出三个韵母组合模式相同的词语。

1. 橄榄　浪漫　安然　篮板　斑斓　勘探

   韵母组合模式相同的词语有：_____

   符合该组合模式的词语还有：_____

2. 点亮　演讲　健康　绵羊　炎凉　岩浆

   韵母组合模式相同的词语有：_____

   符合该组合模式的词语还有：_____

3. 商谈　盎然　山上　档案　航班　防范

   韵母组合模式相同的词语有：_____

   符合该组合模式的词语还有：_____

4. 攀岩　领联　斑点　板岩　常量　半天
韵母组合模式相同的词语有：_____
符合该组合模式的词语还有：_____

5. 长江　商量　酱缸　方向　航向　糖浆
韵母组合模式相同的词语有：_____
符合该组合模式的词语还有：_____

6. 强碱　杠杆　镶边　相减　枪眼　江面
韵母组合模式相同的词语有：_____
符合该组合模式的词语还有：_____

专项提升：语句

录音"码"上听

开口

选择与下列短语或句子中的加点字对应的拼音，把选项填入括号中，并朗读这些短语或句子。

（　　）1. 前人栽树，后人乘凉。
　　　　A chèngliáng　　　B chénliáng　　　C chéngliáng

（　　）2. 孤帆一片日边来
　　　　A gū fán　　　B gū fāng　　　C gū fān

（　　）3. 留下一条细细的羊肠小道
　　　　A yánchán xiǎodào　　　B yángcháng xiǎodào　　　C yángcán xiǎodào

（　　）4. 青蛙通过颈部气囊的振动发出声音。
　　　　A qìráng　　　B qìnán　　　C qìnáng

（　　）5. 藏羚羊浑身都是宝，它的毛皮比黄金还要贵重。
　　　　A zànglíngyáng　　　B cánglíngyáng　　　C zānglíngyáng

（　　）6. 氨基酸可以帮助人体合成组织蛋白质。
　　　　A āngjīsuān　　　B yānjīsuān　　　C ānjīsuān

49

动脑

朗读下列句子,并按照每题的要求找出相应的字,注意这些字的读音。(重复的字只写一遍)

1. 一箪食,一豆羹,得之则生,弗得则死。

   韵母是 an 的字有:＿＿＿＿＿＿＿＿＿＿＿＿＿＿＿＿＿＿＿＿＿＿＿＿

2. 长亭外,古道边,芳草碧连天。

   韵母是 ang 的字有:＿＿＿＿＿＿＿＿＿＿＿＿＿＿＿＿＿＿＿＿＿＿＿

3. 彗星的轨道又扁又长。

   韵母是 ian 的字有:＿＿＿＿＿＿＿＿＿＿＿＿＿＿＿＿＿＿＿＿＿＿＿

4. 宰相肚里能撑船。

   韵母是 iang 的字有:＿＿＿＿＿＿＿＿＿＿＿＿＿＿＿＿＿＿＿＿＿＿

5. 金色的阳光穿透了树林,放射出灿烂光芒。

   韵母是 an 的字有:＿＿＿＿＿＿＿＿＿＿＿＿＿＿＿＿＿＿＿＿＿＿＿＿

   韵母是 ang 的字有:＿＿＿＿＿＿＿＿＿＿＿＿＿＿＿＿＿＿＿＿＿＿＿

   韵母是 ian 的字有:＿＿＿＿＿＿＿＿＿＿＿＿＿＿＿＿＿＿＿＿＿＿＿

   韵母是 iang 的字有:＿＿＿＿＿＿＿＿＿＿＿＿＿＿＿＿＿＿＿＿＿＿

6. 我说你是人间的四月天;笑响点亮了四面风;轻灵在春的光艳中交舞着变。

   韵母是 an 的字有:＿＿＿＿＿＿＿＿＿＿＿＿＿＿＿＿＿＿＿＿＿＿＿＿

   韵母是 ang 的字有:＿＿＿＿＿＿＿＿＿＿＿＿＿＿＿＿＿＿＿＿＿＿＿

   韵母是 ian 的字有:＿＿＿＿＿＿＿＿＿＿＿＿＿＿＿＿＿＿＿＿＿＿＿

   韵母是 iang 的字有:＿＿＿＿＿＿＿＿＿＿＿＿＿＿＿＿＿＿＿＿＿＿

综合实践：语篇

录音"码"上听

综合实践一：专业材料朗读

材料一

行路难（其一）

李白

金樽清酒斗十千，玉盘珍羞直万钱。
停杯投箸不能食，拔剑四顾心茫然。
欲渡黄河冰塞川，将登太行雪满山。
闲来垂钓碧溪上，忽复乘舟梦日边。
行路难，行路难，多歧路，今安在？
长风破浪会有时，直挂云帆济沧海。

（选自部编人教版《语文·九年级上册》第53页）

一、朗读上面的材料，找出材料中含有韵母 an、ang、ian、iang 的词语，分别填入表格中的相应位置，并记住这些词语。（重复的词语只写一遍）

an	ang	ian	iang

二、朗读下面的目标句，录音，提交给教师并获得反馈。完成朗读测评记录表。

目标句：行路难，行路难，多歧路，今安在？长风破浪会有时，直挂云帆济沧海。

朗读测评记录表

次数	成绩	记录
我读了____遍。	我的成绩是____分。	我需要注意_____的发音。

材料二

　　现在，人们掌握了多种人工干预天气的方法，最常见的"人工降雨"技术就是利用飞机、火箭等在天空中向云里喷洒催化剂，让天空中的水蒸气迅速凝结成水滴，使云层中的小水滴或小冰晶增多、变大，从而产生降雨或降雪。

　　为了减轻或消除冰雹的危害，人为地往雹云中播撒催化剂，抑制或削弱云中冰雹的生长，让雹胚融化成雨滴降落，这就是"人工防雹"技术。用来消雹的碘化银微粒，一般装在炮弹中，用高炮或火箭把它们发射到雹云中去。

（改写自人教版《科学·六年级上册》第 53 页）

一、朗读上面的材料，找出材料中含有韵母 an、ang、ian、iang 的词语，分别填入表格中的相应位置，并记住这些词语。（重复的词语只写一遍）

an	ang	ian	iang

二、两人一组，互相朗读给对方听，并完成朗读互评记录表。

朗读互评记录表

评分项	成绩
他/她的发音很准确。	A　B　C　D
他/她读得很流利。	A　B　C　D
他/她的语速很合适。	A　B　C　D

三、想一想，你所教的学科中还有哪些语篇中含有韵母 an、ang、ian、iang 的字、词比较多，找出来，分享给同学们，一起朗读。

■ 综合实践二：教学用语示范

一、试着自然流利地读出下面的教学用语示例，注意那些含有韵母 an、ang、ian、iang 的字或词语，然后边听录音边修正自己的发音。

　　1. 请说一说你心目中伟大的诗人有哪些，你所了解的李白是一个什么样的人。

　　2. 诗人在这首诗里用了哪些典故？有什么作用？

3. 这首诗的最后两句"长风破浪会有时,直挂云帆济沧海"表达了作者什么样的感情和精神?
4. 现在人们掌握了哪些人工干预天气的方法?请你说一说。
5. 最常见的"人工降雨"技术主要利用什么工具在天空中向云里喷洒催化剂?
6. "人工防雹"技术需要把用来消雹的碘化银微粒装在什么中?

二、想一想,你所教的学科中还有哪些用语含有韵母 an、ang、ian、iang,记录在下面的横线上,与同学们分组交流。

1. _____。
2. _____。
3. _____。

综合实践三：情境化任务

从下面的教学情境中选择一个,说一说你的想法。可以参考本课学习的内容,并和老师或者小组中的同学交流。表达时要特别注意那些含有韵母 an、ang、ian、iang 的字或词语的发音。

情境一

唐诗是中国古代文学艺术的瑰宝之一,而"诗仙"李白的诗更是被千古传诵。请你说说教师该如何引导学生鉴赏李白的经典古诗作品。(建议参考朗读材料一做自由表述)

情境二

作为教师,如何跟学生讨论"人工干预天气"这一话题?(建议参考朗读材料二做自由表述)

自评与收获

本课自评

是否完成本课所有练习	☐ 全部完成	☐ 完成大部分	☐ 完成小部分
对学习成果是否满意	☐ 非常满意	☐ 满意	☐ 不太满意

我的发音词典之 an、ang、ian、iang

重点、难点内容	字：
	词：
	句：
我觉得自己发音发得不错的内容	字：
	词：
	句：
我觉得自己还没有完全掌握的内容	字：
	词：
	句：

第 17 课　en、eng、in、ing

学习目标

★ 准确听辨并正确朗读含有韵母 en、eng、in、ing 的字、词；
★ 通过归纳，自主建立含有韵母 en、eng、in、ing 的专业领域发音词典；
★ 能比较准确地说出含有韵母 en、eng、in、ing 的语句，运用于教学工作。

课前思考

在教学工作和生活中，你能想到哪些字、词含有韵母 en、eng、in、ing？
- **分组讨论：**与小组成员一起讨论上述问题。
- **成果交流：**与全班分享讨论结果，选出符合条件的字、词。

快速起步：单字

录音"码"上听

练耳

听单音节字词，写出你听到的音节的韵母。

1. ____　　2. ____　　3. ____　　4. ____　　5. ____　　6. ____
7. ____　　8. ____　　9. ____　　10. ____　　11. ____　　12. ____

开口

按照不同的韵母归纳下面的字，并朗读这些字。

蒸　　　频　　　沉　　　影　　　寝　　　敏
镇　　　逢　　　径　　　喷　　　丁　　　碰

韵母是 en 的字有：_____
韵母是 eng 的字有：_____
韵母是 in 的字有：_____
韵母是 ing 的字有：_____

动脑

记住上题中每个字的发音,并试着给每个字组两个词。

喷:＿＿＿＿　　沉:＿＿＿＿　　寝:＿＿＿＿　　镇:＿＿＿＿

蒸:＿＿＿＿　　逢:＿＿＿＿　　敏:＿＿＿＿　　碰:＿＿＿＿

丁:＿＿＿＿　　频:＿＿＿＿　　影:＿＿＿＿　　径:＿＿＿＿

精准突破:词语

录音"码"上听

练耳

一、听录音,按照你听到的顺序在词语前的方框中标出序号,并朗读这些词语。

1. □ 郑重　　　□ 珍重　　　□ 盛开　　　□ 伸开

2. □ 澄清　　　□ 陈情　　　□ 应和　　　□ 银河

3. □ 吩咐　　　□ 丰富　　　□ 幸福　　　□ 信服

二、听录音,选出你听到的拼音,并把对应的选项填入括号中。

(　　) 1. A jīnxīng　　B jīngxīn　　C jìnxìng

(　　) 2. A jìnchén　　B jìnchéng　　C jìng chéng

(　　) 3. A liánpeng　　B liǎnpén　　C liángpéng

(　　) 4. A qīnshēng　　B qīngshēng　　C qīnshēn

(　　) 5. A lín yīn　　B líng yīn　　C lín yǐng

(　　) 6. A qíncài　　B qīngcài　　C qīng cǎi

开口

一、给下列词语中的加点字标出韵母,并朗读这些词语。

1. ＿＿＿＿　　2. ＿＿＿＿　　3. ＿＿＿＿　　4. ＿＿＿＿

　　分层　　　　　倾斜　　　　　恒星　　　　　银杏

5. ＿＿＿＿　　6. ＿＿＿＿　　7. ＿＿＿＿　　8. ＿＿＿＿

　　冷凝器　　　　根状茎　　　　正方形　　　　清明节

9. ＿＿＿＿　　10. ＿＿＿＿　　11. ＿＿＿＿　　12. ＿＿＿＿

　　生态平衡　　　层林尽染　　　凝神静气　　　藤本植物

第17课　en、eng、in、ing

二、朗读下列词语，注意每组词语之间的发音差别。
1. A 金星　　　　B 精心　　　　C 尽兴
2. A 近臣　　　　B 进程　　　　C 敬呈
3. A 莲蓬　　　　B 脸盆　　　　C 凉棚
4. A 亲生　　　　B 轻声　　　　C 亲身
5. A 林荫　　　　B 铃音　　　　C 林影
6. A 芹菜　　　　B 青菜　　　　C 轻踩

动脑

一、按照不同的韵母归纳下面的词语，并记住它们的发音。

金星　精心　尽兴　近臣　进程　敬呈　莲蓬　脸盆　凉棚
亲生　轻声　亲身　林荫　铃音　林影　芹菜　青菜　轻踩

含有韵母 en 的词语有：_____
含有韵母 eng 的词语有：_____
含有韵母 in 的词语有：_____
含有韵母 ing 的词语有：_____

二、找出每组中韵母组合模式相同的词语，小组讨论后，再写出三个韵母组合模式相同的词语。

1. 门缝　深坑　分层　冷门　真正　分成
韵母组合模式相同的词语有：_____
符合该组合模式的词语还有：_____

2. 濒临　林荫　临近　薪金　冰凌　紧邻
韵母组合模式相同的词语有：_____
符合该组合模式的词语还有：_____

3. 惊醒　金银　晶莹　情景　命令　蜻蜓
韵母组合模式相同的词语有：_____
符合该组合模式的词语还有：_____

4. 信心　亲信　拼音　殷勤　陵寝　亲近
韵母组合模式相同的词语有：_____
符合该组合模式的词语还有：_____

5. 病因　澄净　鸣音　定频　灵敏　静音

韵母组合模式相同的词语有：_____

符合该组合模式的词语还有：_____

6. 粉尘　喷淋　门禁　分心　沉浸　伸进

韵母组合模式相同的词语有：_____

符合该组合模式的词语还有：_____

专项提升：语句

录音"码"上听

开口

选择与下列短语或句子中的加点字对应的拼音，把选项填入括号中，并朗读这些短语或句子。

(　　) 1. 旌旗十万斩阎罗
　　　A jīngqí　　　　　B jīnqí　　　　　C shēngqí

(　　) 2. 寸金难买寸光阴
　　　A guāngyīng　　　B guāngyīn　　　C guāngyìn

(　　) 3. 沉积岩是在水中形成的。
　　　A chénjīyán　　　B chéngjīyán　　　C chénjīyáng

(　　) 4. 素有"雪山花王"之称的天山雪莲现已濒临灭绝。
　　　A bīnglíng　　　　B bīnglín　　　　C bīnlín

(　　) 5. 将温度计下端浸入水中，不能碰到容器的底与壁。
　　　A qìnrù　　　　　B jìnrù　　　　　C jìngrù

(　　) 6. 太阳是离地球最近的恒星，而夜晚能看到的恒星，几乎都处于银河系内。
　　　A héngxīng　　　 B hénxīn　　　　 C hénxīng

第17课 en、eng、in、ing

动脑

朗读下列句子，并按照每题的要求找出相应的字，注意这些字的读音。（重复的字只写一遍）

1. 声波的振幅以分贝为单位，声波振幅的大小能够决定音强。

   韵母是 en 的字有：_____

2. 雾从山谷里升起来，整个森林浸在乳白色的浓雾里。

   韵母是 eng 的字有：_____

3. 金属在自然界中广泛存在，在生活中应用极为普遍。

   韵母是 in 的字有：_____

4. 我战战兢兢跨上角框，只觉耳边生风，聋了一般，任什么也听不见。

   韵母是 ing 的字有：_____

5. 民间故事语言平实，情节生动，深受人们的喜爱。

   韵母是 en 的字有：_____
   韵母是 eng 的字有：_____
   韵母是 in 的字有：_____
   韵母是 ing 的字有：_____

6. 读史使人明智，读诗使人灵秀，数学使人周密，科学使人深刻，伦理学使人庄重，逻辑修辞之学使人善辩：凡有所学，皆成性格。

   韵母是 en 的字有：_____
   韵母是 eng 的字有：_____
   韵母是 in 的字有：_____
   韵母是 ing 的字有：_____

综合实践：语篇

录音"码"上听

综合实践一：专业材料朗读

材料一

  十九世纪中期，德国经济学家恩格尔对比利时不同收入的家庭的消费情况进行了调查，提出了恩格尔定律：一个家庭收入越少，用于购买食品的支出在家庭收入中所占的比率就越大。这一定律是通过恩格尔系数反映出来的。联合国根据恩格尔系数的大小，对世界各国的生活水平进行了划分，一个国家平均家庭的恩格尔系数大于60%为贫穷，50%~60%为温饱，40%~50%为小康，30%~40%属于相对富裕。改革开放以来，我国城镇和农村居民家庭的恩格尔系数逐步下降，到2010年分别达到了35.7%和41.1%。

（改写自人教版《数学·六年级上册》第83页）

一、朗读上面的材料，找出材料中含有韵母 en、eng、in、ing 的词语，分别填入表格中的相应位置，并记住这些词语。（重复的词语只写一遍）

en	eng	in	ing

二、朗读下面的目标句，录音，提交给教师并获得反馈。完成朗读测评记录表。

  目标句：联合国根据恩格尔系数的大小，对世界各国的生活水平进行了划分。

朗读测评记录表

次数	成绩	记录
我读了____遍。	我的成绩是____分。	我需要注意_____的发音。

第17课　en、eng、in、ing

材料二

　　我爱月夜，但我也爱星天。从前在家乡七八月的夜晚，在庭院里纳凉的时候，我最爱看天上密密麻麻的星星。

　　三年前，在南京我住的地方有一道后门，每晚我打开后门，便看见一个静寂的夜。下面是一片菜园，上面是星群密布的蓝天。星光在我们的肉眼里虽然微小，然而它使我们觉得光明无处不在。

　　如今在海上，每晚和繁星相对，我把它们认得很熟了。我躺在舱面上，仰望天空。深蓝色的天空里，悬着无数半明半昧的星。船在动，星也在动，它们是这样低，真是摇摇欲坠呢！渐渐地我的眼睛模糊了，我好像看见无数萤火虫在我的周围飞舞。海上的夜是柔和的，是静寂的，是梦幻的。我望着那许多认识的星，我仿佛看见它们在对我眨眼，我仿佛听见它们在小声说话。这时候我忘记了一切。在星的怀抱中，我微笑着，我沉睡着。我觉得自己是一个小孩子，现在睡在母亲的怀里了。

　　　　　　　　　　　　（选自部编人教版《语文·四年级上册》第10页）

一、朗读上面的材料，找出材料中含有韵母 en、eng、in、ing 的词语，分别填入表格中的相应位置，并记住这些词语。(重复的词语只写一遍)

en	eng	in	ing

二、两人一组，互相朗读给对方听，并完成朗读互评记录表。

朗读互评记录表

评分项	成绩
他/她的发音很准确。	A　B　C　D
他/她读得很流利。	A　B　C　D
他/她的语速很合适。	A　B　C　D

三、想一想，你所教的学科中还有哪些语篇中含有韵母 en、eng、in、ing 的字、词比较多，找出来，分享给同学们，一起朗读。

综合实践二：教学用语示范

一、试着自然流利地读出下面的教学用语示例，注意那些含有韵母 en、eng、in、ing 的字或词语，然后边听录音边修正自己的发音。

1. 请你根据例 1 的结论算一算。
2. 我们学过哪些乘法运算定律了？
3. 举例说明估算的应用，你知道哪些估算策略？
4. 文章分别描写了作者在哪几个时期欣赏繁星的情景？
5. 文章紧紧围绕繁星进行描写，对星空产生了丰富的联想。
6. 随着年龄和阅历的增长，作者对星空的观察和感知愈发精细、深入。

二、想一想，你所教的学科中还有哪些用语含有韵母 en、eng、in、ing，记录在下面的横线上，与同学们分组交流。

1. _____。
2. _____。
3. _____。

综合实践三：情境化任务

从下面的教学情境中选择一个，说一说你的想法。可以参考本课学习的内容，并和老师或者小组中的同学交流。表达时要特别注意那些含有韵母 en、eng、in、ing 的字或词语的发音。

情境一

假设你是数学老师，请你举例子向学生说明百分数在生产、生活中的应用和意义。（建议参考朗读材料一做自由表述）

情境二

作为教师，你如何引导学生进行写景抒情的写作练习？（建议参考朗读材料二做自由表述）

第17课　en、eng、in、ing

自评与收获

本课自评

是否完成本课所有练习	□ 全部完成	□ 完成大部分	□ 完成小部分
对学习成果是否满意	□ 非常满意	□ 满意	□ 不太满意

我的发音词典之 en、eng、in、ing

重点、难点内容	字：
	词：
	句：
我觉得自己发音发得不错的内容	字：
	词：
	句：
我觉得自己还没有完全掌握的内容	字：
	词：
	句：

63

第 18 课　uan、uang、uen、ueng

学习目标

★ 准确听辨并正确朗读含有韵母 uan、uang、uen、ueng 的字、词；
★ 通过归纳，自主建立含有韵母 uan、uang、uen、ueng 的专业领域发音词典；
★ 能比较准确地说出含有韵母 uan、uang、uen、ueng 的语句，运用于教学工作。

课前思考

在教学工作和生活中，你能想到哪些字、词含有韵母 uan、uang、uen、ueng？
● **分组讨论**：与小组成员一起讨论上述问题。
● **成果交流**：与全班分享讨论结果，选出符合条件的字、词。

快速起步：单字

录音"码"上听

练耳

听单音节字词，写出你听到的音节的韵母。

1. ____　　2. ____　　3. ____　　4. ____　　5. ____　　6. ____
7. ____　　8. ____　　9. ____　　10. ____　　11. ____　　12. ____

开口

按照不同的韵母归纳下面的字，并朗读这些字。

尊　　翁　　断　　顺　　缓　　旷
稳　　团　　纯　　惶　　网　　酸

韵母是 uan 的字有：_____
韵母是 uang 的字有：_____
韵母是 uen 的字有：_____
韵母是 ueng 的字有：_____

第18课　uan、uang、uen、ueng

动脑

记住上题中每个字的发音，并试着给每个字组两个词。

酸：_____　_____　　团：_____　_____　　缓：_____　_____　　断：_____　_____

尊：_____　_____　　纯：_____　_____　　稳：_____　_____　　顺：_____　_____

翁：_____　_____　　惶：_____　_____　　网：_____　_____　　旷：_____　_____

精准突破：词语

录音"码"上听

练耳

一、听录音，按照你听到的顺序在词语前的方框中标出序号，并朗读这些词语。

1. □ 官吏　　　□ 光临　　　□ 船头　　　□ 床头
2. □ 轮换　　　□ 冷汗　　　□ 文房　　　□ 婚房
3. □ 瞭望　　　□ 遛弯　　　□ 愚钝　　　□ 臆断

二、听录音，选出你听到的拼音，并把对应的选项填入括号中。

(　　) 1. A wēndù　　　B wāndù　　　C wǎngsù

(　　) 2. A zhuāngbèi　　B zhǔnbèi　　C zhuǎnhuì

(　　) 3. A yúwēng　　　B yúwēn　　　C yúwán

(　　) 4. A cūguǎng　　　B chǔguàn　　C chéngguǎn

(　　) 5. A guānghuán　　B guānhuàn　　C gānhàn

(　　) 6. A zhuānjiā　　　B zhuāngjia　　C zhuǎnjià

开口

一、给下列词语中的加点字标出韵母，并朗读这些词语。

1. _____　温暖
2. _____　黄昏
3. _____　壮观
4. _____　春笋
5. _____　王之涣
6. _____　存储卡
7. _____　白头翁
8. _____　昆仑山
9. _____　美轮美奂
10. _____　冠状动脉
11. _____　转瞬即逝
12. _____　狂妄自大

二、朗读下列词语，注意每组词语之间的发音差别。

1. A 温度　　　　B 弯度　　　　C 网速
2. A 装备　　　　B 准备　　　　C 转会
3. A 渔翁　　　　B 余温　　　　C 愚顽
4. A 粗犷　　　　B 储罐　　　　C 城管
5. A 光环　　　　B 官宦　　　　C 干旱
6. A 专家　　　　B 庄稼　　　　C 转嫁

动脑

一、按照不同的韵母归纳下面的词语，并记住它们的发音。

温度　弯度　网速　装备　准备　转会　渔翁　余温　愚顽
粗犷　储罐　城管　光环　官宦　干旱　专家　庄稼　转嫁

含有韵母 uan 的词语有：＿＿＿＿＿＿＿＿＿＿＿＿＿＿＿＿＿
含有韵母 uang 的词语有：＿＿＿＿＿＿＿＿＿＿＿＿＿＿＿＿
含有韵母 uen 的词语有：＿＿＿＿＿＿＿＿＿＿＿＿＿＿＿＿＿
含有韵母 ueng 的词语有：＿＿＿＿＿＿＿＿＿＿＿＿＿＿＿＿

二、找出每组中韵母组合模式相同的词语，小组讨论后，再写出三个韵母组合模式相同的词语。

1. 酸碱　软水　环保　惯性　昏睡　短路

韵母组合模式相同的词语有：＿＿＿＿＿＿＿＿＿＿＿＿＿＿
符合该组合模式的词语还有：＿＿＿＿＿＿＿＿＿＿＿＿＿＿

2. 霜冻　山洞　黄灯　狂风　荒凉　创举

韵母组合模式相同的词语有：＿＿＿＿＿＿＿＿＿＿＿＿＿＿
符合该组合模式的词语还有：＿＿＿＿＿＿＿＿＿＿＿＿＿＿

3. 安稳　波纹　河豚　问诊　嘴唇　桥墩

韵母组合模式相同的词语有：＿＿＿＿＿＿＿＿＿＿＿＿＿＿
符合该组合模式的词语还有：＿＿＿＿＿＿＿＿＿＿＿＿＿＿

4. 断网　　暖光　　卵黄　　乱撞　　环山　　宽广
韵母组合模式相同的词语有：_____
符合该组合模式的词语还有：_____

5. 人文　　深蹲　　认准　　本文　　真准　　体温
韵母组合模式相同的词语有：_____
符合该组合模式的词语还有：_____

6. 鹅卵石　　云端上　　凤凰花　　穿短袖　　紧攥着　　破万卷
韵母组合模式相同的词语有：_____
符合该组合模式的词语还有：_____

专项提升：语句

录音"码"上听

开口

选择与下列短语或句子中的加点字对应的拼音，把选项填入括号中，并朗读这些短语或句子。

（　　）1. 窗户里冒出黑烟，蹿出火星。
　　　　A chuānhù　　　　B chānghu　　　　C chuānghu

（　　）2. 要想睡个安稳觉，航天员必须钻入固定在舱壁上的睡袋里。
　　　　A ānwěn　　　　B ānwěng　　　　C āngwěn

（　　）3. 孤舟蓑笠翁
　　　　A shuō lì wēn　　　　B suō lì hōng　　　　C suō lì wēng

（　　）4. 金矿、黄铁矿、黄铜矿都具有美丽的金色。
　　　　A huángtóngkuàng　　　　B huántóngkuàng　　　　C huángtóngkàn

（　　）5. 血管变得狭窄，脑血栓、心肌梗死等病变就会出现。
　　　　A nǎoxuèshuāng　　　　B nǎoxuèshān　　　　C nǎoxuèshuān

（　　）6. 使用弹簧秤时，要等弹簧测力计的指针稳定后再读数。
　　　　A tànhuánchèn　　　　B tánhuángchèng　　　　C tánghuángchèn

动脑

朗读下列句子,并按照每题的要求找出相应的字,注意这些字的读音。(重复的字只写一遍)

1. 听了他的话,她不禁莞尔一笑。

   韵母是 uan 的字有:_____

2. 我们可以不伟大,但我们庄严。

   韵母是 uang 的字有:_____

3. 纯金属具有较高的导电性、导热性和良好的塑性等优点。

   韵母是 uen 的字有:_____

4. 十年生死平淡事,奈何桥头做渔翁。

   韵母是 ueng 的字有:_____

5. 世界上有许多令人叹为观止的文化遗产,展现着早期人类文明的辉煌历史。

   韵母是 uan 的字有:_____
   韵母是 uang 的字有:_____
   韵母是 uen 的字有:_____
   韵母是 ueng 的字有:_____

6. 首领稳稳坐在马上,笑一笑。那马平时并不觉雄壮,此时却静立如伟人,晃一晃头,鬃飘起来。首领眼睛细成一道缝,先望望天,满脸冷光一闪,又俯身看峡,腮上绷出筋来。

   韵母是 uan 的字有:_____
   韵母是 uang 的字有:_____
   韵母是 uen 的字有:_____
   韵母是 ueng 的字有:_____

综合实践：语篇

录音"码"上听

综合实践一：专业材料朗读

材料一

　　海燕叫喊着，飞翔着，像黑色的闪电，箭一般地穿过乌云，翅膀掠起波浪的飞沫。

　　看吧，它飞舞着，像个精灵，——高傲的、黑色的暴风雨的精灵，——它在大笑，它又在号叫……它笑那些乌云，它因为欢乐而号叫！

　　这个敏感的精灵，——它从雷声的震怒里，早就听出了困乏，它深信，乌云遮不住太阳，——是的，遮不住的！

　　狂风吼叫……雷声轰响……

　　一堆堆乌云，像青色的火焰，在无底的大海上燃烧。大海抓住闪电的箭光，把它们熄灭在自己的深渊里。这些闪电的影子，活像一条条火蛇，在大海里蜿蜒游动，一晃就消失了。

　　——暴风雨！暴风雨就要来啦！

　　这是勇敢的海燕，在怒吼的大海上，在闪电中间，高傲地飞翔；这是胜利的预言家在叫喊：

　　——让暴风雨来得更猛烈些吧！

（节选自部编人教版《语文·九年级下册》第 11～12 页）

一、朗读上面的材料，找出材料中含有韵母 uan、uang、uen、ueng 的词语，分别填入表格中的相应位置，并记住这些词语。（重复的词语只写一遍）

uan	uang	uen	ueng

二、朗读下面的目标句，录音，提交给教师并获得反馈。完成朗读测评记录表。

　　目标句：一堆堆乌云，像青色的火焰，在无底的大海上燃烧。大海抓住闪电的箭光，把它们熄灭在自己的深渊里。这些闪电的影子，活像一条条火蛇，在大海里蜿蜒游动，一晃就消失了。

朗读测评记录表

次数	成绩	记录
我读了____遍。	我的成绩是____分。	我需要注意_____的发音。

材料二

　　如何观察和描述矿物？首先看矿物的颜色和条痕。颜色是辨别矿物的重要证据之一。比如金矿、黄铁矿和黄铜矿都呈现金色，而赤铁矿呈现红色。不过，矿物的条痕颜色跟矿物外表的颜色有时并不一样，比如黄铜矿的条痕就是绿黑色的。其次，我们要观察矿物的软硬程度。比如，金刚石是硬度最大的矿物，它广泛地应用于研磨、切割、抛光等重要工具中，而石墨是硬度最小的矿物，是重要的固体润滑剂。此外，我们还要观察矿物的透光、反光情况，以及它们的形状。

（改写自教科版《科学·四年级下册》第72～75页）

一、朗读上面的材料，找出材料中含有韵母 uan、uang、uen、ueng 的词语，分别填入表格中的相应位置，并记住这些词语。（重复的词语只写一遍）

uan	uang	uen	ueng

二、两人一组，互相朗读给对方听，并完成朗读互评记录表。

朗读互评记录表

评分项	成绩
他/她的发音很准确。	A　B　C　D
他/她读得很流利。	A　B　C　D
他/她的语速很合适。	A　B　C　D

三、想一想，你所教的学科中还有哪些语篇中含有韵母 uan、uang、uen、ueng 的字、词比较多，找出来，分享给同学们，一起朗读。

综合实践二：教学用语示范

一、试着自然流利地读出下面的教学用语示例，注意那些含有韵母 uan、uang、uen、ueng 的字或词语，然后边听录音边修正自己的发音。

1. 你知道这篇文章的作者是谁吗？你还读过他的什么作品？
2. 请你大声朗读本段，说一说文中的海洋是一种什么样的形象。
3. "它深信，乌云遮不住太阳"这句话有什么含意？表达了作者什么样的观点？
4. 大家讨论一下可以从哪几个方面来观察和描述矿物。
5. 矿物的条痕颜色跟矿物外表的颜色是不是都一样？
6. 硬度最大的矿物是什么？硬度最小的矿物是什么？它们常常被用在哪些地方？

二、想一想，你所教的学科中还有哪些用语含有韵母 uan、uang、uen、ueng，记录在下面的横线上，与同学们分组交流。

1. _____。
2. _____。
3. _____。

综合实践三：情境化任务

从下面的教学情境中选择一个，说一说你的想法。可以参考本课学习的内容，并和老师或者小组中的同学交流。表达时要特别注意那些含有韵母 uan、uang、uen、ueng 的字或词语的发音。

情境一

假设你是语文老师，你准备如何引导学生鉴赏高尔基的名作《海燕》？（建议参考朗读材料一做自由表述）

情境二

作为教师，你该如何引导学生科学地观察和描述矿物？（建议参考朗读材料二做自由表述）

自评与收获

■ 本课自评

是否完成本课所有练习	□ 全部完成	□ 完成大部分	□ 完成小部分
对学习成果是否满意	□ 非常满意	□ 满意	□ 不太满意

■ 我的发音词典之 uan、uang、uen、ueng

重点、难点内容	字：
	词：
	句：
我觉得自己发音发得不错的内容	字：
	词：
	句：
我觉得自己还没有完全掌握的内容	字：
	词：
	句：

第 19 课　üan、ün、ong、iong

> **学习目标**
>
> ★ 准确听辨并正确朗读含有韵母 üan、ün、ong、iong 的字、词；
> ★ 通过归纳，自主建立含有韵母 üan、ün、ong、iong 的专业领域发音词典；
> ★ 能比较准确地说出含有韵母 üan、ün、ong、iong 的语句，运用于教学工作。

> **课前思考**
>
> 在教学工作和生活中，你能想到哪些字、词含有韵母 üan、ün、ong、iong？
> ● **分组讨论：** 与小组成员一起讨论上述问题。
> ● **成果交流：** 与全班分享讨论结果，选出符合条件的字、词。

快速起步：单字

录音"码"上听

练耳

听单音节字词，写出你听到的音节的韵母。

1. ____　　2. ____　　3. ____　　4. ____　　5. ____　　6. ____
7. ____　　8. ____　　9. ____　　10. ____　　11. ____　　12. ____

开口

按照不同的韵母归纳下面的字，并朗读这些字。

全　　　统　　　韵　　　浓　　　群　　　训
综　　　远　　　窘　　　渊　　　用　　　兄

韵母是 üan 的字有：＿＿＿＿＿＿＿＿＿＿＿＿＿＿＿＿＿＿＿＿＿＿
韵母是　ün 　的字有：＿＿＿＿＿＿＿＿＿＿＿＿＿＿＿＿＿＿＿＿＿＿
韵母是 ong 的字有：＿＿＿＿＿＿＿＿＿＿＿＿＿＿＿＿＿＿＿＿＿＿
韵母是 iong 的字有：＿＿＿＿＿＿＿＿＿＿＿＿＿＿＿＿＿＿＿＿＿＿

动脑

记住上题中每个字的发音，并试着给每个字组两个词。

渊：_____ _____   全：_____ _____   远：_____ _____   韵：_____ _____

兄：_____ _____   浓：_____ _____   统：_____ _____   用：_____ _____

综：_____ _____   群：_____ _____   窘：_____ _____   训：_____ _____

精准突破：词语

录音"码"上听

练耳

一、听录音，按照你听到的顺序在词语前的方框中标出序号，并朗读这些词语。

1. ☐ 泉水   ☐ 浅水   ☐ 埋怨   ☐ 满眼
2. ☐ 悬浮   ☐ 驯服   ☐ 穹庐   ☐ 重录
3. ☐ 榕树   ☐ 庸俗   ☐ 胸透   ☐ 松涛

二、听录音，选出你听到的拼音，并把对应的选项填入括号中。

（   ）1. A xuànmù   B xúnbǔ   C xūnmù
（   ）2. A chóngjìng   B chénjìng   C qióngjìn
（   ）3. A xùnqī   B xióngqí   C xìnxī
（   ）4. A qiónglín   B cónglín   C cénglín
（   ）5. A yúnsù   B yuánsù   C yánsù
（   ）6. A yuánkuàng   B yánkuàng   C yínkuàng

开口

一、给下列词语中的加点字标出韵母，并朗读这些词语。

1. _____   2. _____   3. _____   4. _____
   永远   从容   瞳孔   军训

5. _____   6. _____   7. _____   8. _____
   龙卷风   永动机   运动裤   动物园

9. _____   10. _____   11. _____   12. _____
   茕茕孑立   无动于衷   汹涌澎湃   螺旋杆菌

二、朗读下列词语，注意每组词语之间的发音差别。

1. A 炫目　　　　B 巡捕　　　　C 熏沐
2. A 崇敬　　　　B 沉静　　　　C 穷尽
3. A 汛期　　　　B 雄奇　　　　C 信息
4. A 琼林　　　　B 丛林　　　　C 层林
5. A 匀速　　　　B 元素　　　　C 严肃
6. A 原矿　　　　B 盐矿　　　　C 银矿

动脑

一、按照不同的韵母归纳下面的词语，并记住它们的发音。

炫目　巡捕　熏沐　崇敬　沉静　穷尽　汛期　雄奇　信息
琼林　丛林　层林　匀速　元素　严肃　原矿　盐矿　银矿

含有韵母 üan 的词语有：＿＿＿＿＿＿＿＿＿＿＿＿＿＿＿＿＿＿＿

含有韵母 ün 的词语有：＿＿＿＿＿＿＿＿＿＿＿＿＿＿＿＿＿＿＿

含有韵母 ong 的词语有：＿＿＿＿＿＿＿＿＿＿＿＿＿＿＿＿＿＿＿

含有韵母 iong 的词语有：＿＿＿＿＿＿＿＿＿＿＿＿＿＿＿＿＿＿＿

二、找出每组中韵母组合模式相同的词语，小组讨论后，再写出三个韵母组合模式相同的词语。

1. 原子　元素　卷尺　健全　源头　悬浮

韵母组合模式相同的词语有：＿＿＿＿＿＿＿＿＿＿＿＿＿＿＿＿

符合该组合模式的词语还有：＿＿＿＿＿＿＿＿＿＿＿＿＿＿＿＿

2. 中线　重合　通分　梗概　溶液　冲程

韵母组合模式相同的词语有：＿＿＿＿＿＿＿＿＿＿＿＿＿＿＿＿

符合该组合模式的词语还有：＿＿＿＿＿＿＿＿＿＿＿＿＿＿＿＿

3. 罗裙　对韵　全村　鲁迅　雁群　彩云

韵母组合模式相同的词语有：＿＿＿＿＿＿＿＿＿＿＿＿＿＿＿＿

符合该组合模式的词语还有：＿＿＿＿＿＿＿＿＿＿＿＿＿＿＿＿

4. 汹涌　苍鹰　英勇　狗熊　困窘　簇拥

韵母组合模式相同的词语有：_____

符合该组合模式的词语还有：_____

5. 卷边　扁圆　线圈　偏远　电源　减员

韵母组合模式相同的词语有：_____

符合该组合模式的词语还有：_____

6. 东风　蒸笼　孔孟　重逢　忠诚　荣升

韵母组合模式相同的词语有：_____

符合该组合模式的词语还有：_____

专项提升：语句

录音"码"上听

开口

选择与下列句子中的加点字对应的拼音，把选项填入括号中，并朗读这些句子。

（　）1. 传统美德，源远流长。

A yuānyuǎn-liúcháng

B yānyǎn-liúcháng

C yuányuǎn-liúcháng

（　）2. 卷云是云的三种基本形态之一。

A quānyún　　　　　B juǎnyún　　　　　C juànyún

（　）3. 第一群大雁一旦来到农场，它们便向每一个迁徙的雁群喧嚷着发出邀请。

A xiānrǎn　　　　　B xuānrǎn　　　　　C xuānrǎng

（　）4. 重要的书必须常常反复阅读，每读一次都会觉得开卷有益。

A kāijiàn yǒuyì　　　B kāijuàn yǒuyì　　　C kāijuǎn yǒuyì

（　）5. 永动机的存在是违反能量守恒定律和热力学定律的。

A yǒngtòngjī　　　　B yǒngdòngjī　　　　C yǔndòngjī

（　）6. 均衡膳食"宝塔"可以为我们选择食物、获取均衡营养提供参考。

A jūnhéng　　　　　B yúnhéng　　　　　C qúnhéng

第19课　üan、ün、ong、iong

> 💡 **动脑**

朗读下列句子，并按照每题的要求找出相应的字，注意这些字的读音。（重复的字只写一遍）

1. 泥融飞燕子，沙暖睡鸳鸯。
   韵母是 üan 的字有：_____

2. 惜秦皇汉武，略输文采；唐宗宋祖，稍逊风骚。
   韵母是 ün 的字有：_____

3. 做功是指能量由一种形式转化为另一种形式的过程。
   韵母是 ong 的字有：_____

4. 每一个作用力都对应着一个相等反抗的反作用力。
   韵母是 iong 的字有：_____

5. 那些小丘的线条是那么柔美，就像只用绿色渲染，不用墨线勾勒的中国画那样，到处翠色欲滴，轻轻流入云际。
   韵母是 üan 的字有：_____
   韵母是 ün 的字有：_____
   韵母是 ong 的字有：_____
   韵母是 iong 的字有：_____

6. 河水从五百米宽的河道上排排涌来，其势如千军万马，互相挤着、撞着，推推搡搡，前呼后拥，撞向石壁，排排黄浪霎时碎成堆堆白雪。
   韵母是 üan 的字有：_____
   韵母是 ün 的字有：_____
   韵母是 ong 的字有：_____
   韵母是 iong 的字有：_____

综合实践：语篇

录音"码"上听

综合实践一：专业材料朗读

材料一

  我国幅员辽阔，地形类型多样。有纵横交错的山脉，气势磅礴的高原，一望无际的平原，群山环抱的盆地，还有起伏绵延的丘陵。

  从地图中可以看出，纵横交错的山脉就像大地隆起的脊梁，构成我国地形的脊梁。在山脉构成的网格当中，镶嵌着高原、盆地、平原和丘陵。

  我国是一个多山的国家，山地面积约占全国总面积的1/3。通常把山地、丘陵，连同比较崎岖的高原统称为山区，我国山区面积约占全国总面积的2/3。

（改写自人教版《地理·八年级上册》第22~23页）

一、朗读上面的材料，找出材料中含有韵母 üan、ün、ong、iong 的词语，分别填入表格中的相应位置，并记住这些词语。（重复的词语只写一遍）

üan	ün	ong	iong

二、朗读下面的目标句，录音，提交给教师并获得反馈。完成朗读测评记录表。

  目标句：我国幅员辽阔，地形类型多样。有纵横交错的山脉，气势磅礴的高原，一望无际的平原，群山环抱的盆地，还有起伏绵延的丘陵。

朗读测评记录表

次数	成绩	记录
我读了____遍。	我的成绩是____分。	我需要注意_____的发音。

材料二

　　人们如何利用云来预测第二天的天气？云主要有三种基本形态：卷云、积云和层云。不同形态的云预示不同的天气状况。卷云呈纤维状，常预示好天气即将结束，雨天即将来临。大团、堆积、呈蓬松状的云是积云，也叫菜花云，常见于炎热的夏天，但晚上会消失。均匀成层、灰色似雾的云是层云，常会带来连续的毛毛雨或小雪。

（改写自教科版《科学·三年级上册》第 53～54 页和
人教版《科学·六年级上册》第 43 页）

一、朗读上面的材料，找出材料中含有韵母 üan、ün、ong、iong 的词语，分别填入表格中的相应位置，并记住这些词语。（重复的词语只写一遍）

üan	ün	ong	iong

二、两人一组，互相朗读给对方听，并完成朗读互评记录表。

朗读互评记录表

评分项	成绩
他/她的发音很准确。	A　B　C　D
他/她读得很流利。	A　B　C　D
他/她的语速很合适。	A　B　C　D

三、想一想，你所教的学科中还有哪些语篇中含有韵母 üan、ün、ong、iong 的字、词比较多，找出来，分享给同学们，一起朗读。

■ **综合实践二：教学用语示范**

一、试着自然流利地读出下面的教学用语示例，注意那些含有韵母 üan、ün、ong、iong 的字或词语，然后边听录音边修正自己的发音。

　　1. 我国幅员辽阔，地形类型多样。请你举例说明一下。

　　2. 山区包括高原吗？我国山区面积约占全国总面积的几分之几？

3. 你能读懂地图吗？在地图上，纵横交错的山脉像什么？
4. 云有几种基本形态？根据自己的观察或者利用图片介绍一下。
5. 云是天气预报的常见内容，你知道云是怎样形成的吗？
6. 怎样利用内圆和外圆的面积求出圆环的面积？

二、想一想，你所教的学科中还有哪些用语含有韵母 üan、ün、ong、iong，记录在下面的横线上，与同学们分组交流。

1. _____。
2. _____。
3. _____。

综合实践三：情境化任务

从下面的教学情境中选择一个，说一说你的想法。可以参考本课学习的内容，并和老师或者小组中的同学交流。表达时要特别注意那些含有韵母 üan、ün、ong、iong 的字或词语的发音。

情境一

假设你是地理老师，请你结合具体教学内容，说一说如何引导学生了解中国的地理特点，并读懂中国地形图。（建议参考朗读材料一做自由表述）

情境二

作为教师，你该如何跟学生讨论与云有关的话题？（建议参考朗读材料二做自由表述）

自评与收获

本课自评

是否完成本课所有练习	□ 全部完成	□ 完成大部分	□ 完成小部分
对学习成果是否满意	□ 非常满意	□ 满意	□ 不太满意

第19课　üan、ün、ong、iong

我的发音词典之 üan、ün、ong、iong

重点、难点内容	字：
	词：
	句：
我觉得自己发音发得不错的内容	字：
	词：
	句：
我觉得自己还没有完全掌握的内容	字：
	词：
	句：

第 20 课　声调与语流音变

> **学习目标**
> ★ 准确听辨并正确朗读含有轻声、变调、儿化的字、词；
> ★ 通过归纳，自主建立含有轻声、变调、儿化的专业领域发音词典；
> ★ 能比较准确地说出含有轻声、变调、儿化的语句，运用于教学工作。

课前思考

在教学工作和生活中，你能想到哪些字、词含有轻声、变调、儿化？
- **分组讨论**：与小组成员一起讨论上述问题。
- **成果交流**：与全班分享讨论结果，选出符合条件的字、词。

快速起步：单字

录音"码"上听

练耳

听单音节字词，写出你听到的音节的拼音。

1. ____　　2. ____　　3. ____　　4. ____　　5. ____　　6. ____
7. ____　　8. ____　　9. ____　　10. ____　　11. ____　　12. ____

开口

按照不同的声调归纳下面的字，并朗读这些字。

禾　　硝　　典　　纹　　怯　　攀
恒　　导　　机　　蕾　　戏　　峭

声调是一声的字有：_____
声调是二声的字有：_____
声调是三声的字有：_____
声调是四声的字有：_____

82

动脑

记住上题中每个字的发音，并试着给每个字组两个词。

硝：_____　禾：_____　导：_____　怯：_____
机：_____　纹：_____　蕾：_____　峭：_____
攀：_____　恒：_____　典：_____　戏：_____

精准突破：词语

录音"码"上听

练耳

一、听录音，按照你听到的顺序在词语前的方框中标出序号，并朗读这些词语。

1. □ 叔父　　　□ 舒服　　　□ 玻璃　　　□ 剥离
2. □ 力气　　　□ 利器　　　□ 喇叭　　　□ 腊八
3. □ 包袱　　　□ 暴富　　　□ 文档　　　□ 稳当

二、听录音，选出你听到的拼音，并把对应的选项填入括号中。

(　) 1. A lìzi　　　　B lǐzi　　　　C lízǐ
(　) 2. A shǒu chéng　B shōucheng　C shòuchén
(　) 3. A dànhuáng　　B dànhuángr　C tánhuáng
(　) 4. A yì liǔr　　　B yīliú　　　　C yíliú
(　) 5. A chūfā　　　 B chùfā　　　 C chǔfá
(　) 6. A yídù　　　　B yì dú　　　　C yídú

开口

一、给下列词语中的加点字标出拼音，并朗读这些词语。

1. _____ 溜达
2. _____ 别扭
3. _____ 发卡
4. _____ 粘连
5. _____ 禁不起
6. _____ 削铅笔
7. _____ 畜牧业
8. _____ 小哥儿俩
9. _____ 披头散发
10. _____ 运载火箭
11. _____ 刚正不阿
12. _____ 鲜为人知

二、朗读下列词语，注意每组词语之间的发音差别。

1. A 栗子　　　　B 李子　　　　C 离子
2. A 守城　　　　B 收成　　　　C 寿辰
3. A 淡黄　　　　B 蛋黄儿　　　C 弹簧
4. A 一绺儿　　　B 一流　　　　C 遗留
5. A 出发　　　　B 触发　　　　C 处罚
6. A 一度　　　　B 易读　　　　C 遗毒

动脑

一、按照要求归纳下面的词语，并记住它们的发音。

栗子　李子　离子　守城　收成　寿辰　淡黄　蛋黄儿　弹簧
一绺儿　一流　遗留　出发　处罚　触发　一度　易读　遗毒

含有一声的词语有：_____

含有二声的词语有：_____

含有三声的词语有：_____

含有四声的词语有：_____

含有儿化的词语有：_____

含有轻声的词语有：_____

二、找出每组中发音规律相同的词语，小组讨论后，再写出三个发音规律相同的词语。

1. 一般　　一边　　一瞥　　一亿　　一百　　一条

加点字实际发音相同的词语有：_____

与上述情况相同的词语还有：_____

2. 不等　　不明　　不朽　　不足　　不行　　不错

加点字实际发音相同的词语有：_____

与上述情况相同的词语还有：_____

3. 卡尺　　导体　　群岛　　减法　　反比　　手表

声调组合规律相同的词语有：_____

符合该组合规律的词语还有：_____

4. 灯笼　师傅　蒸笼　舒坦　东西　奔拉
加点字读轻声的词语有：_____
与上述情况相同的词语还有：_____

5. 兴衰　兴奋　兴许　兴叹　兴趣　兴亡
加点字发音相同的词语有：_____
与上述情况相同的词语还有：_____

6. 压根儿　小婴儿　夹缝儿　鬼脸儿　糖瓜儿　家雀儿
加点音节发音规律相同的词语有：_____
与上述情况相同的词语还有：_____

专项提升：语句

录音"码"上听

开口

选择下列句子中加点字的拼音正确的一项，把选项填入括号中，并朗读这些句子。

（　　）1. 我喜欢雨，无论什么季节的雨，我都喜欢。她给我的形象和记忆，永远是美的。
　　　A xǐhuan　　　　B jìjie　　　　C yóngyuan

（　　）2. 小雨滴敲敲打打，一场热闹的音乐会便开始了。
　　　A yǔdì　　　　B yì chǎng　　　　C kāishí

（　　）3. 它们有的俯下身子喝水，有的侧着脑袋欣赏自己映在水里的影子。
　　　A hē shuǐ　　　　B nǎodai　　　　C shuí lǐ

（　　）4. 向在校园里欢唱的小鸟打招呼，向敬爱的老师问好，向高高飘扬的国旗敬礼。
　　　A xiáo niǎo　　　　B wènhǎo　　　　C jīnglǐ

（　　）5. 又是秋天，妹妹推我去北海看了菊花。
　　　A jiūtiān　　　　B Béihǎi　　　　C júhuā

（　　）6. 但是母亲摸摸孙儿的小脑瓜，变了主意："还是走小路吧！"
　　　A sūner　　　　B xiǎo nǎoguā　　　　C xiáo lù

动脑

朗读下列句子,并按照每题的要求找出相应的字,注意这些字的读音。(重复的字只写一遍)

1. 有的花瓣儿全展开了,露出嫩黄色的小莲蓬。有的还是花骨朵儿,看起来饱胀得马上要破裂似的。

   需要读作轻声的字有:＿＿＿＿＿＿＿＿＿＿＿＿＿＿＿＿＿＿＿＿＿＿＿＿

2. 父亲的朋友送给我们两缸莲花,一缸是红的,一缸是白的,都摆在院子里。

   需要读作轻声的字有:＿＿＿＿＿＿＿＿＿＿＿＿＿＿＿＿＿＿＿＿＿＿＿＿

3. 半夜里听见繁杂的雨声,早起是浓阴的天,我觉得有些烦闷。

   需要读作轻声的字有:＿＿＿＿＿＿＿＿＿＿＿＿＿＿＿＿＿＿＿＿＿＿＿＿

4. 一会儿,天空出现一匹马,马头向南,马尾向西。

   读时需要变调的字有:＿＿＿＿＿＿＿＿＿＿＿＿＿＿＿＿＿＿＿＿＿＿＿＿

5. 这一圈小山在冬天特别可爱,好像是把济南放在一个小摇篮里,它们全安静不动地低声地说:"你们放心吧,这准保暖和。"

   需要读作轻声的字有:＿＿＿＿＿＿＿＿＿＿＿＿＿＿＿＿＿＿＿＿＿＿＿＿

   读时需要变调的字有:＿＿＿＿＿＿＿＿＿＿＿＿＿＿＿＿＿＿＿＿＿＿＿＿

6. 我向你担保,我压根就没想抓你,我只是在这里练习。

   需要读作儿化音的字有:＿＿＿＿＿＿＿＿＿＿＿＿＿＿＿＿＿＿＿＿＿＿＿

综合实践:语篇

录音"码"上听

综合实践一:专业材料朗读

材料一

《道德与法治:一年级下册》第3课和第4课旨在帮助孩子们认识到"再等一下""就差一点""做事拖拉"的危害,养成不拖拉、不磨蹭、不当小马虎的好习惯。教学时要充分了解小学低年级学生的年龄特点,在引导与教育中不要轻易给他们"贴标签""戴帽子",要引导学生从悦纳自己开始,进而以积极的态度寻求良好习惯的养成。

(改写自人教版《教师教学用书·道德与法治一年级下册》第57页)

一、朗读上面的材料，找出材料中含有轻声、变调、儿化的词语，分别填入表格中的相应位置，并记住这些词语。(重复的词语只写一遍)

包含轻声的词语	包含变调的词语	可以读作儿化音的词语

二、朗读下面的目标句，录音，提交给教师并获得反馈。完成朗读测评记录表。

目标句：帮助孩子们认识到"再等一下""就差一点""做事拖拉"的危害，养成不拖拉、不磨蹭、不当小马虎的好习惯。

朗读测评记录表

次数	成绩	记录
我读了＿＿遍。	我的成绩是＿＿分。	我需要注意＿＿＿＿＿＿的发音。

材料二

盼望着，盼望着，东风来了，春天的脚步近了。

一切都像刚睡醒的样子，欣欣然张开了眼。山朗润起来了，水涨起来了，太阳的脸红起来了。

小草偷偷地从土里钻出来，嫩嫩的，绿绿的。园子里，田野里，瞧去，一大片一大片满是的。坐着，躺着，打两个滚，踢几脚球，赛几趟跑，捉几回迷藏。风轻悄悄的，草软绵绵的。

桃树、杏树、梨树，你不让我，我不让你，都开满了花赶趟儿。红的像火，粉的像霞，白的像雪。花里带着甜味儿，闭了眼，树上仿佛已经满是桃儿、杏儿、梨儿。花下成千成百的蜜蜂嗡嗡地闹着，大小的蝴蝶飞来飞去。野花遍地是：杂样儿，有名字的，没名字的，散在草丛里，像眼睛，像星星，还眨呀眨的。

"吹面不寒杨柳风"，不错的，像母亲的手抚摸着你。风里带来些新翻的泥土的气息，混着青草味儿，还有各种花的香，都在微微润湿的空气里酝酿。鸟儿将窠巢安在繁花嫩叶当中，高兴起来了，呼朋引伴地卖弄清脆的喉咙，唱出宛转的曲子，与轻风流水应和着。牛背上牧童的短笛，这时候也成天在嘹亮地响。

(节选自部编人教版《语文·七年级上册》第2～3页)

一、朗读上面的材料，找出材料中含有轻声、变调、儿化的词语，分别填入表格中的相应位置，并记住这些词语。（重复的词语只写一遍）

包含轻声的词语	包含变调的词语	可以读作儿化音的词语

二、两人一组，互相朗读给对方听，并完成朗读互评记录表。

朗读互评记录表

评分项	成绩
他/她的发音很准确。	A　B　C　D
他/她读得很流利。	A　B　C　D
他/她的语速很合适。	A　B　C　D

三、想一想，你所教的学科中还有哪些语篇中含有轻声、变调、儿化的词语比较多，找出来，分享给同学们，一起朗读。

综合实践二：教学用语示范

一、试着自然流利地读出下面的教学用语示例，注意那些含有轻声、变调、儿化的字或词语，然后边听录音边修正自己的发音。

1. 请仔细阅读，了解故事梗概，并把感想与全班分享。
2. 说说你身边有没有这样的"小磨蹭"。
3. 当你又想说"再玩儿会儿""过会儿再写"时，如何克制自己？
4. 《春》是朱自清先生所写的一篇优美的写景抒情散文，也是中学语文教材中的传统篇目。请说一说本文主要写了什么内容。
5. 请大家闭上眼睛，竖起你们的耳朵，用你们的耳朵去聆听录音，用你们的心去感受朱自清笔下春天美的所在。
6. 文中具体描绘了哪五幅春景图？抒发了作者对春天怎样的感受？你觉得春天还像什么？你还能用别的比喻来赞美春天吗？

二、想一想，你所教的学科中还有哪些用语含有轻声、变调、儿化，记录在下面的横线上，与同学们分组交流。

1. _____。
2. _____。
3. _____。

综合实践三：情境化任务

从下面的教学情境中选择一个，说一说你的想法。可以参考本课学习的内容，并和老师或者小组中的同学交流。表达时要特别注意那些含有轻声、变调、儿化的字或词语的发音。

情境一

　　教师应如何使学生认识到拖拉磨蹭、粗心马虎的危害？（建议参考朗读材料一做自由表述）

情境二

　　《春》是朱自清先生所写的一篇优美的写景抒情散文，也是中学语文教材中的传统篇目。作为语文老师，应该如何引导学生品味文章优美的语言，体会语言的准确性，生动性，感受作者对春天的赞美之情？（建议参考朗读材料二做自由表述）

自评与收获

本课自评

是否完成本课所有练习	☐ 全部完成	☐ 完成大部分	☐ 完成小部分
对学习成果是否满意	☐ 非常满意	☐ 满意	☐ 不太满意

我的发音词典之轻声、变调、儿化

重点、难点内容	字：	
	词：	
	句：	
我觉得自己发音发得不错的内容	字：	
	词：	
	句：	
我觉得自己还没有完全掌握的内容	字：	
	词：	
	句：	

录音文本及参考答案

第 11 课　z、c、s、zh、ch、sh

快速起步：单字

练耳

【录音文本】

1. 测　2. 算　3. 闯　4. 值　5. 增　6. 式　7. 垂　8. 叟　9. 鼠　10. 苍　11. 整　12. 宰

【参考答案】

1. c　2. s　3. ch　4. zh　5. z　6. sh　7. ch　8. s　9. sh　10. c　11. zh　12. z

开口

【参考答案】

声母是 z 的字有：族、座

声母是 c 的字有：此、层

声母是 s 的字有：洒、俗

声母是 zh 的字有：咒、忠

声母是 ch 的字有：痴、辍

声母是 sh 的字有：声、甩

动脑

【参考答案】

忠：忠心　忠诚	族：民族　家族	此：此时　此外	座：座位　座次
痴：痴呆　痴情	俗：俗语　风俗	洒：洒脱　洒家	咒：咒语　诅咒
声：声音　发声	层：层级　楼层	甩：甩卖　甩手	辍：辍学　辍笔

精准突破：词语

练耳

一、【录音文本】

1. 水藻　　　插翅　　　灼烧　　　擦拭
2. 抖擞　　　车速　　　参数　　　兜售
3. 输送　　　失传　　　四川　　　收缩

91

一、【参考答案】

1. ④-②-①-③
2. ①-④-②-③
3. ④-①-③-②

二、【录音文本】

1. 姿势　　2. 素质　　3. 纵使　　4. 沉思　　5. 主力　　6. 酸涩

【参考答案】

1. A　　2. C　　3. A　　4. B　　5. C　　6. A

开口

一、【参考答案】

1. s ch　　　　2. c ch　　　　3. ch s　　　　4. c zh
5. zh z　　　　6. z sh　　　　7. c ch　　　　8. z z
9. zh z zh　　10. sh s c　　11. zh s　　　12. s sh

动脑

一、【参考答案】

含有声母 z 的词语有：数字、纵使、姿势、自私、阻力、总是

含有声母 c 的词语有：蚕丝、参差

含有声母 s 的词语有：沉思、酸涩、算式、素质、蚕丝、自私、栓塞

含有声母 zh 的词语有：知识、重视、数值、素质、主力

含有声母 ch 的词语有：沉思、处理

含有声母 sh 的词语有：知识、重视、算式、数值、数字、纵使、姿势、栓塞、总是

二、【参考答案】

1. 声母组合模式相同的词语有：增值、组装、纵轴、阻值、载重

　符合该组合模式的词语还有：增长、杂质、自传

　提示：本组词语只有"质子"的声母组合模式为"zh-z-"，其他词语的声母组合模式都是"z-zh-"。

2. 声母组合模式相同的词语有：尺寸、储存、船舱、冲刺、陈醋

　符合该组合模式的词语还有：储藏、差错、春蚕

　提示：本组词语只有"磁场"的声母组合模式为"c-ch-"，其他词语的声母组合模式都是"ch-c-"。

3. 声母组合模式相同的词语有：随时、松鼠、损失、桑葚、算是

　符合该组合模式的词语还有：扫视、松树、四十

提示：本组词语只有"收拾"的声母组合模式为"sh-sh-"，其他词语的声母组合模式都是"s-sh-"。

4. 声母组合模式相同的词语有：村庄、粗壮、促织、辞职、词缀

   符合该组合模式的词语还有：餐桌、从中、粗重

   提示：本组词语只有"橙汁"的声母组合模式为"ch-zh-"，其他词语的声母组合模式都是"c-zh-"。

5. 声母组合模式相同的词语有：再生、钻石、左手、噪声、总数

   符合该组合模式的词语还有：自身、字数、栽树

   提示：本组词语只有"转速"的声母组合模式为"zh-s-"，其他词语的声母组合模式都是"z-sh-"。

6. 声母组合模式相同的词语有：实操、生存、数次、闪存、施测

   符合该组合模式的词语还有：上册、水草、身材

   提示：本组词语只有"撕扯"的声母组合模式为"s-ch-"，其他词语的声母组合模式都是"sh-c-"。

专项提升：语句

开口

【参考答案】

1. B 2. C 3. A 4. B 5. B 6. C

动脑

【参考答案】

1. 声母是 z 的字有：子

   声母是 zh 的字有：种、质、中

2. 声母是 c 的字有：寸

   声母是 ch 的字有：尺、长

3. 声母是 s 的字有：笋、酸

   声母是 sh 的字有：石、是、水

4. 声母是 z 的字有：栽、在、姿

   声母是 c 的字有：（无）

   声母是 s 的字有：苏

   声母是 zh 的字有：州、种、着

声母是 ch 的字有：（无）

声母是 sh 的字有：树、生

5. 声母是 z 的字有：子

声母是 c 的字有：曹

声母是 s 的字有：三

声母是 zh 的字有：着、怔

声母是 ch 的字有：（无）

声母是 sh 的字有：刷、傻

6. 声母是 z 的字有：作、坐、姿

声母是 c 的字有：（无）

声母是 s 的字有：（无）

声母是 zh 的字有：正、执

声母是 ch 的字有：持

声母是 sh 的字有：时、势

综合实践：语篇

综合实践一：专业材料朗读

材料一

一、【参考答案】

z	c	s
在、电子	曾经、次	计算、算筹、算盘、计算尺、四十、计算机、计算器、随着、运算、速度
zh	ch	sh
各种各样、中国人、生活中、中期、欧洲人、种、随着	算筹、传统、生产、初、计算尺、成为、出现、超级	是、生产、生活、十七、世纪、二十、四十、诞生、七十、使用、技术

材料二

一、【参考答案】

z	c	s
早、最、足	草、才	寺
zh	ch	sh
争、啄	初、处、春	山、水、树、谁、沙

第 12 课　l、r

快速起步：单字

练耳

【录音文本】

1. 肉　2. 凛　3. 冗　4. 黎　5. 氯　6. 若　7. 漏　8. 扰　9. 乳　10. 陇　11. 熔　12. 恋

【参考答案】

1. r　2. l　3. r　4. l　5. l　6. r　7. l　8. r　9. r　10. l　11. r　12. l

开口

【参考答案】

声母是 l 的字有：捞、柳、烈、拉、聆、冷

声母是 r 的字有：扔、燃、瓤、软、让、绕

动脑

【参考答案】

拉：拉丁　拉风	聆：聆听　聆讯	冷：寒冷　冷门	烈：烈日　浓烈
扔：扔掉　扔球	燃：燃烧　点燃	软：软件　柔软	让：谦让　让步
捞：打捞　捞取	瓤：瓜瓤　瓤子	柳：柳树　柳絮	绕：缠绕　绕道

精准突破：词语

练耳

一、【录音文本】

1. 龙井　　　入口　　　路口　　　溶解
2. 利落　　　立论　　　利润　　　日落

95

3. 玲珑　　　谦让　　　前浪　　　莲蓉

【参考答案】

1. ④-①-②-③
2. ③-②-④-①
3. ①-④-②-③

二、【录音文本】

1. 干扰　　2. 缭乱　　3. 乳牙　　4. 渲染　　5. 日记　　6. 轮滑

【参考答案】

1. C　　2. B　　3. A　　4. B　　5. A　　6. B

开口

一、【参考答案】

1. r l	2. r l	3. r l	4. l r
5. r l	6. l r r	7. r l	8. l l r
9. r l	10. r l	11. r l	12. l l

动脑

一、【参考答案】

含有声母 l 的词语有：缭乱、扰乱、绚烂、录下、干酪、立即、轮滑

含有声母 r 的词语有：弱冠、扰乱、渲染、乳牙、润滑、干扰、日记、日子

二、【参考答案】

1. 声母组合模式相同的词语有：例如、落日、录入、冷热、漏入

　　符合该组合模式的词语还有：蜡染、莲蓉、老人

　　提示：本组词语只有"理论"的声母组合模式为"l-l-"，其他词语的声母组合模式都是"l-r-"。

2. 声母组合模式相同的词语有：忍让、柔韧、荣辱、容忍、仍然

　　符合该组合模式的词语还有：融入、柔软、软弱

　　提示：本组词语只有"绕路"的声母组合模式为"r-l-"，其他词语的声母组合模式都是"r-r-"。

3. 声母组合模式相同的词语有：容量、染料、锐利、热量、日历

　　符合该组合模式的词语还有：人类、日料、认领

　　提示：本组词语只有"利润"的声母组合模式为"l-r-"，其他词语的声母组合模式都是"r-l-"。

4. 声母组合模式相同的词语有：莅临、榴梿、粼粼、凛冽、嘹亮

　　符合该组合模式的词语还有：琳琅、勒令、利率

　　提示：本组词语只有"绕梁"的声母组合模式为"r-l-"，其他词语的声母组合模式都是"l-l-"。

5. 声母组合模式相同的词语有：孔融、渲染、叫嚷、烹饪、屈辱

　　符合该组合模式的词语还有：脆弱、内容、自然

　　提示：本组词语只有"恐龙"第二个音节的声母为"l"，其他词语第二个音节的声母都是"r"。

6. 声母组合模式相同的词语有：软磁、热潮、韧性、熔点、软化

　　符合该组合模式的词语还有：溶质、入职、韧性

　　提示：本组词语只有"代入"是第二个音节的声母为"r"，其他词语都是第一个音节的声母为"r"。

专项提升：语句

开口

【参考答案】

1. C　　2. A　　3. B　　4. C　　5. A　　6. B

动脑

【参考答案】

1. 声母是 l 的字有：了、铃、朗、离、里

2. 声母是 r 的字有：日、人

3. 声母是 l 的字有：礼

　 声母是 r 的字有：仁、人

4. 声母是 l 的字有：量

　 声母是 r 的字有：人、热

5. 声母是 l 的字有：流

　 声母是 r 的字有：热、熔

6. 声母是 l 的字有：里、烂、亮

　 声母是 r 的字有：容

综合实践：语篇

综合实践一：专业材料朗读

材料一

一、【参考答案】

l	r
质量、热量、利用、例如、流动、来、冷却、烈日、凉爽、凉快、了	热量、比热容、日常、例如、发热、再如、烈日、热、仍然

材料二

一、【参考答案】

l	r
两、落日、缕、轮、了、领会、来、荒凉	落日、认为、如果、人、固然、当然

第13课　ai、ei、ao、ou

快速起步：单字

练耳

【录音文本】

1.北　2.艘　3.昼　4.抛　5.配　6.稿　7.绕　8.白　9.慨　10.眸　11.雷　12.猜

【参考答案】

1.ei　2.ou　3.ou　4.ao　5.ei　6.ao　7.ao　8.ai　9.ai　10.ou　11.ei　12.ai

开口

【参考答案】

韵母是 ai 的字有：奈、改、抬

韵母是 ei 的字有：霉、费、胚

韵母是 ao 的字有：苞、逃、卯

韵母是 ou 的字有：奏、瞅、收

动脑

【参考答案】

胚：胚芽 胚胎		抬：抬头 抬杠		改：改正 改编		奈：无奈 奈何		
苞：花苞 苞谷		霉：霉变 发霉		卯：卯时 卯榫		费：花费 费用		
收：丰收 收获		逃：逃跑 逃亡		瞅：瞅见 瞅空		奏：奏效 奏折		

精准突破：词语

练耳

一、【录音文本】

1. 黑狗　　海沟　　构造　　高照
2. 联袂　　年迈　　召开　　招考
3. 犒赏　　稻草　　抖擞　　叩首

【参考答案】

1. ②-①-④-③
2. ③-④-②-①
3. ④-①-②-③

二、【录音文本】

1. 偶数　　2. 眉毛　　3. 预兆　　4. 分配　　5. 轴突　　6. 白杨

【参考答案】

1. A　　2. C　　3. B　　4. A　　5. B　　6. A

开口

一、【参考答案】

1. ao　　　　2. ou　　　　3. ai　　　　4. ai
5. ai ai　　 6. ao ou　　 7. ou ao　　 8. ao ou
9. ei ou　　10. ao ou　　11. ai ei　　12. ei ai

动脑

一、【参考答案】

含有韵母 ai 的词语有：矮树、卖报、分派、白杨

含有韵母 ei 的词语有：眉毛、分配、肺泡、胚芽

含有韵母 ao 的词语有：奥数、冒泡、卖报、眉毛、预兆、肺泡、糟蹋、嘈杂、褒扬

含有韵母 ou 的词语有：偶数、宇宙、渔舟、轴突

99

二、【参考答案】

1. 韵母组合模式相同的词语有：氦气、白磷、海波、台秤、开路

   符合该组合模式的词语还有：氖管、海水、开关

   提示：本组词语只有"固态"是第二个音节的韵母为"ai"，其他词语都是第一个音节的韵母为"ai"。

2. 韵母组合模式相同的词语有：筹集、透明、偷懒、篝火、骤然

   符合该组合模式的词语还有：头发、偶尔、斗笠

   提示：本组词语只有"遨游"第一个音节的韵母为"ao"，其他词语第一个音节的韵母都是"ou"。

3. 韵母组合模式相同的词语有：佩戴、背带、黑麦、杯盖、北海

   符合该组合模式的词语还有：备灾、杯赛、肋排

   提示：本组词语只有"肥皂"的韵母组合模式为"-ei-ao"，其他词语的韵母组合模式都是"-ei-ai"。

4. 韵母组合模式相同的词语有：豆包、构造、手套、口罩、漏勺

   符合该组合模式的词语还有：猴毛、后脑、楼号

   提示：本组词语只有"壕沟"的韵母组合模式为"-ao-ou"，其他词语的韵母组合模式都是"-ou-ao"。

5. 韵母组合模式相同的词语有：豆类、楼内、口碑、后背、扣费

   符合该组合模式的词语还有：受累、肉类、手背

   提示：本组词语只有"口罩"的韵母组合模式为"-ou-ao"，其他词语的韵母组合模式都是"-ou-ei"。

6. 韵母组合模式相同的词语有：薄厚、刀口、烤肉、高寿、遭受

   符合该组合模式的词语还有：操守、到头、饱受

   提示：本组词语只有"头脑"的韵母组合模式为"-ou-ao"，其他词语的韵母组合模式都是"-ao-ou"。

专项提升：语句

开口

【参考答案】

1. B 2. C 3. C 4. A 5. A 6. B

动脑

【参考答案】

1. 韵母是 ai 的字有：态
   韵母是 ei 的字有：非

2. 韵母是 ao 的字有：涛
   韵母是 ou 的字有：候

3. 韵母是 ai 的字有：在
   韵母是 ei 的字有：垒
   韵母是 ao 的字有：堡
   韵母是 ou 的字有：周

4. 韵母是 ai 的字有：爱
   韵母是 ei 的字有：肋
   韵母是 ao 的字有：好、抱、刀
   韵母是 ou 的字有：（无）

5. 韵母是 ai 的字有：态
   韵母是 ei 的字有：美
   韵母是 ao 的字有：蹈
   韵母是 ou 的字有：奏

6. 韵母是 ai 的字有：袋、来
   韵母是 ei 的字有：黑
   韵母是 ao 的字有：脑
   韵母是 ou 的字有：蚪

综合实践：语篇

综合实践一：专业材料朗读

材料一

一、【参考答案】

ai	ei	ao	ou
在、状态、待机	没有、每、北京	电脑、耗电、照样、能耗、照、消耗	插头

101

材料二

一、【参考答案】

ai	ei	ao	ou
菜畦、菜花、一带、翻开、来、起来、从来	肥胖	高大、皂荚树、草、斑蝥	周围、手指、后窍、何首乌

第 14 课　ia、ie、ua、uo、üe

快速起步：单字

练耳

【录音文本】

1.钾　2.缩　3.绝　4.滑　5.夸　6.诺　7.缺　8.别　9.压　10.挂　11.佐　12.揭

【参考答案】

1.ia　2.uo　3.üe　4.ua　5.ua　6.uo　7.üe　8.ie　9.ia　10.ua　11.uo　12.ie

开口

【参考答案】

韵母是 ia 的字有：峡、芽、洽

韵母是 ie 的字有：灭、叠、裂

韵母是 ua 的字有：瓦、耍

韵母是 uo 的字有：搓、拙

韵母是 üe 的字有：约、略

动脑

【参考答案】

拙：笨拙　拙劣　　　峡：三峡　峡谷　　　瓦：瓦砾　瓦特　　　洽：融洽　洽谈

搓：揉搓　搓捻　　　叠：重叠　折叠　　　耍：玩耍　耍弄　　　灭：熄灭　灭火

约：大约　约束　　　芽：胚芽　发芽　　　裂：割裂　裂缝　　　略：忽略　攻略

精准突破：词语

练耳

一、【录音文本】

1. 泄气　　蜗牛　　下棋　　洼地
2. 领略　　藿香　　滑翔　　凛冽

3. 具结　　　　拒绝　　　　抄写　　　　巢穴

【参考答案】

1. ③-①-②-④
2. ①-④-③-②
3. ③-④-①-②

二、【录音文本】

1. 咀嚼　　2. 决堤　　3. 茄子　　4. 窝头　　5. 氯化　　6. 器械

【参考答案】

1. C　　2. A　　3. B　　4. A　　5. B　　6. C

开口

一、【参考答案】

1. ia ua　　　　2. uo ie　　　　3. üe ie　　　　4. üe ua
5. uo ua　　　　6. ua üe　　　　7. uo ua　　　　8. uo ie
9. ie uo　　　　10. ia üe　　　　11. ia uo　　　　12. üe ua

动脑

一、【参考答案】

含有韵母 ia 的词语有：假体、卡子、压土

含有韵母 ie 的词语有：季节、解题、茄子、器械

含有韵母 ua 的词语有：挖土、女娲、氯化

含有韵母 uo 的词语有：窝头、老挝

含有韵母 üe 的词语有：拒绝、咀嚼、决堤、瘸子、气血、戏谑

二、【参考答案】

1. 韵母组合模式相同的词语有：蛱蝶、下页、扑灭、虾蟹、压裂

   符合该组合模式的词语还有：嫁接、下界、下列

   提示：本组词语只有"切下"的韵母组合模式为"-ie-ia"，其他词语的韵母组合模式都是"-ia-ie"。

2. 韵母组合模式相同的词语有：月夜、决裂、血液、越野、确切

   符合该组合模式的词语还有：学业、缺页、雪野

   提示：本组词语只有"节约"的韵母组合模式为"-ie-üe"，其他词语的韵母组合模式都是"-üe-ie"。

3. 韵母组合模式相同的词语有：啰唆、骆驼、陀螺、懦弱、做窝

   符合该组合模式的词语还有：哆嗦、蹉跎、火锅

提示：本组词语只有"收缩"的韵母组合模式为"-ou-uo"，其他词语的韵母组合模式都是"-uo-uo"。

4. 韵母组合模式相同的词语有：切牙、叠加、跌下、铁甲、结痂

   符合该组合模式的词语还有：接洽、鞋架、卸下

   提示：本组词语只有"下界"的韵母组合模式为"-ia-ie"，其他词语的韵母组合模式都是"-ie-ia"。

5. 韵母组合模式相同的词语有：花费、刷蹭、跨栏、抓举、刷新

   符合该组合模式的词语还有：话剧、挂念、耍赖

   提示：本组词语只有"说话"第一个音节的韵母为"uo"，其他词语第一个音节的韵母都是"ua"。

6. 韵母组合模式相同的词语有：倭瓜、说话、拖垮、锅刷、火花

   符合该组合模式的词语还有：国花、国画、错话

   提示：本组词语只有"跨国"的韵母组合模式为"-ua-uo"，其他词语的韵母组合模式都是"-uo-ua"。

专项提升：语句

开口

【参考答案】

1. A　　2. C　　3. C　　4. C　　5. C　　6. B

动脑

【参考答案】

1. 韵母是 ia 的字有：家

2. 韵母是 ie 的字有：解

3. 韵母是 ua 的字有：滑

4. 韵母是 uo 的字有：扩

5. 韵母是 üe 的字有：雪

6. 韵母是 ia 的字有：丫、加

   韵母是 ie 的字有：且、也、斜

   韵母是 ua 的字有：（无）

   韵母是 uo 的字有：所、过

   韵母是 üe 的字有：绝

综合实践：语篇

综合实践一：专业材料朗读

材料一

一、【参考答案】

ia	ie	ua	uo	üe
科学家、家族、假说	灭绝、难解之谜、这些、一些	变化、二氧化碳	生活、不过、假说	灭绝、科学家、却、缺陷、缺乏

材料二

一、【参考答案】

ia	ie	ua	uo	üe
下、家、哎呀、大家、呀	也、扑灭、谢谢	哇、化	说、伙伴、火、暖和、着火、火星、救火、朵	雪、越、却

第15课 iao、iou、uai、uei、er

快速起步：单字

练耳

【录音文本】

1.缴 2.贰 3.淮 4.垂 5.秋 6.瓢 7.腿 8.槐 9.谬 10.踹 11.雕 12.袖

【参考答案】

1.iao 2.er 3.uai 4.uei 5.iou 6.iao 7.uei 8.uai 9.iou 10.uai 11.iao 12.iou

开口

【参考答案】

韵母是 iao 的字有：焦、窍

韵母是 iou 的字有：扭、流

韵母是 uai 的字有：拐、摔、外

韵母是 uei 的字有：微、对、魁

韵母是 er 的字有：饵、而

动脑

【参考答案】

焦：聚焦 焦虑　　流：溪流 流动　　扭：扭曲 扭打　　窍：开窍 窍门
微：轻微 微小　　而：然而 而且　　拐：拐杖 拐弯　　外：意外 外语
摔：摔倒 摔跤　　魁：花魁 魁梧　　饵：鱼饵 诱饵　　对：核对 对手

精准突破：词语

练耳

一、【录音文本】

1. 摔跤　　　韭菜　　　睡觉　　　教材
2. 脚踝　　　委实　　　耳饰　　　教诲
3. 求救　　　叫嚣　　　酒曲　　　郊区

【参考答案】

1. ①-③-④-②
2. ④-①-③-②
3. ②-①-④-③

二、【录音文本】

1. 矫正　　2. 求和　　3. 危害　　4. 吆喝　　5. 违纪　　6. 依偎

【参考答案】

1. B　　2. B　　3. C　　4. A　　5. B　　6. A

开口

一、【参考答案】

1. iao iao　　　　2. uei uei　　　　3. iao　　　　　4. iou er
5. uei uei　　　　6. uei iao　　　　7. uei uei　　　8. iao iou
9. iao iou　　　 10. uei iou　　　 11. er uei　　　12. iou iao

动脑

一、【参考答案】

含有韵母 iao 的词语有：校正、吆喝、咬合、矫正、巧合

含有韵母 iou 的词语有：纠正、求和、丘壑、诱惑

含有韵母 uai 的词语有：歪斜、意外、外来

含有韵母 uei 的词语有：以为、危害、维系、违纪、未来、依偎

二、【参考答案】

1. 韵母组合模式相同的词语有：旧桥、丢掉、球票、求教、揪掉
   符合该组合模式的词语还有：酒窖、旧票、油条
   提示：本组词语只有"要求"的韵母组合模式为"-iao-iou"，其他词语的韵母组合模式都是"-iou-iao"。

2. 韵母组合模式相同的词语有：对外、硅块、毁坏、碎块、水怪
   符合该组合模式的词语还有：最快、吹坏、最坏
   提示：本组词语只有"摔碎"的韵母组合模式为"-uai-uei"，其他词语的韵母组合模式都是"-uei-uai"。

3. 韵母组合模式相同的词语有：走丢、逗留、头球、周游、丑牛
   符合该组合模式的词语还有：稠酒、收留、手球
   提示：本组词语只有"求救"的韵母组合模式为"-iou-iou"，其他词语的韵母组合模式都是"-ou-iou"。

4. 韵母组合模式相同的词语有：飘摇、叫嚣、调料、小桥、缥缈
   符合该组合模式的词语还有：小瞧、料峭、巧妙
   提示：本组词语只有"咆哮"的韵母组合模式为"-ao-iao"，其他词语的韵母组合模式都是"-iao-iao"。

5. 韵母组合模式相同的词语有：慢悠悠、酸溜溜、绿油油、黑黝黝、静幽幽
   符合该组合模式的词语还有：雄赳赳、小舅舅、气咻咻
   提示：本组词语只有"轻悄悄"第二、三个音节的韵母组合模式为"-iao-iao"，其他词语第二、三个音节的韵母组合模式都是"-iou-iou"。

6. 韵母组合模式相同的词语有：摧毁、回味、坠毁、归队、愧对
   符合该组合模式的词语还有：尾随、追回、回馈
   提示：本组词语只有"衰退"的韵母组合模式为"-uai-uei"，其他词语的韵母组合模式都是"-uei-uei"。

专项提升：语句

开口

【参考答案】

1. A　　2. A　　3. B　　4. A　　5. C　　6. B

动脑

【参考答案】

1. 韵母是 iao 的字有：迢、皎
2. 韵母是 iou 的字有：酒、有
3. 韵母是 uai 的字有：坏
4. 韵母是 uei 的字有：谓、归、推
5. 韵母是 er 的字有：而
6. 韵母是 iao 的字有：小、效
   韵母是 iou 的字有：有、宥
   韵母是 uai 的字有：怀
   韵母是 uei 的字有：为、位
   韵母是 er 的字有：而

综合实践：语篇

综合实践一：专业材料朗读

材料一

一、【参考答案】

iao	iou	uai	uei
小、要、眺望	久、油麻、没有、请求、又、有、水流	（无）	回头、对、回、推进、水流、规律

材料二

一、【参考答案】

iao	iou	uai	uei
条、叫作、三角形、锐角、直角、钝角、腰、量角器	由	快速	围成、对边、垂线、锐角、随意

第16课　an、ang、ian、iang

起步速训：单字

练耳

【录音文本】

1. 简　2. 斩　3. 舱　4. 翔　5. 铅　6. 扛　7. 趟　8. 凡　9. 谅　10. 勘　11. 殿　12. 氧

【参考答案】

1. ian　2. an　3. ang　4. iang　5. ian　6. ang　7. ang　8. an　9. iang　10. an　11. ian　12. iang

开口

【参考答案】

韵母是 an 的字有：攀、蛮、暂

韵母是 ang 的字有：杠、廊、仿

韵母是 ian 的字有：纤、延、遣

韵母是 iang 的字有：乡、酿、仰

动脑

【参考答案】

攀：高攀　攀登	蛮：野蛮　蛮横	仿：仿佛　仿制	暂：短暂　暂时
纤：纤维　纤毫	廊：走廊　廊桥	仰：久仰　仰视	杠：抬杠　杠杆
乡：故乡　乡村	延：拖延　延长	遣：遣送　派遣	酿：酝酿　酒酿

精准突破：词语

练耳

一、【录音文本】

1. 江潮　　　扁担　　　涨潮　　　榜单
2. 风浪　　　分量　　　账房　　　绽放
3. 响晴　　　安适　　　闲情　　　昂视

【参考答案】

1. ③-①-②-④
2. ②-①-④-③
3. ②-④-③-①

109

二、【录音文本】

    1. 斑竹   2. 牵头   3. 担纲   4. 腼腆   5. 烂漫   6. 限量

【参考答案】

    1. A   2. C   3. B   4. A   5. C   6. B

开口

一、【参考答案】

    1. an ian   2. ian an   3. ian iang   4. ang iang
    5. iang iang   6. ian iang   7. ang iang   8. iang ian
    9. an ian   10. ang ian   11. ian ang   12. iang an

动脑

一、【参考答案】

    含有韵母 an 的词语有：斑竹、颤抖、缠头、档案、担纲、面谈、满天、烂漫

    含有韵母 ang 的词语有：帮助、档案、担纲

    含有韵母 ian 的词语有：编著、牵头、电工、腼腆、面谈、满天、连绵、凉面、限量、项链

    含有韵母 iang 的词语有：凉面、向量、限量、项链

二、【参考答案】

    1. 韵母组合模式相同的词语有：橄榄、安然、篮板、斑斓、勘探

       符合该组合模式的词语还有：烂漫、难堪、参展

    提示：本组词语只有"浪漫"的韵母组合模式为"-ang-an"，其他词语的韵母组合模式都是"-an-an"。

    2. 韵母组合模式相同的词语有：点亮、演讲、绵羊、炎凉、岩浆

       符合该组合模式的词语还有：鲜亮、见谅、联想

    提示：本组词语只有"健康"的韵母组合模式为"-ian-ang"，其他词语的韵母组合模式都是"-ian-iang"。

    3. 韵母组合模式相同的词语有：商谈、盎然、档案、航班、防范

       符合该组合模式的词语还有：上岸、账单、当然

    提示：本组词语只有"山上"的韵母组合模式为"-an-ang"，其他词语的韵母组合模式都是"-ang-an"。

    4. 韵母组合模式相同的词语有：攀岩、领联、斑点、板岩、半天

       符合该组合模式的词语还有：漫延、半年、返现

提示：本组词语只有"常量"的韵母组合模式为"-ang-iang"，其他词语的韵母组合模式都是"-an-ian"。

5. 韵母组合模式相同的词语有：长江、商量、方向、航向、糖浆

符合该组合模式的词语还有：长相、丈量、常量

提示：本组词语只有"酱缸"的韵母组合模式为"-iang-ang"，其他词语的韵母组合模式都是"-ang-iang"。

6. 韵母组合模式相同的词语有：强碱、镶边、相减、枪眼、江面

符合该组合模式的词语还有：相片、强电、墙边

提示：本组词语只有"杠杆"的韵母组合模式为"-ang-an"，其他词语的韵母组合模式都是"-iang-ian"。

专项提升：语句

开口

【参考答案】

1. C　　2. C　　3. B　　4. C　　5. A　　6. C

动脑

【参考答案】

1. 韵母是 an 的字有：箪

2. 韵母是 ang 的字有：长、芳

3. 韵母是 ian 的字有：扁

4. 韵母是 iang 的字有：相

5. 韵母是 an 的字有：灿、烂

   韵母是 ang 的字有：放、芒

   韵母是 ian 的字有：（无）

   韵母是 iang 的字有：阳

6. 韵母是 an 的字有：（无）

   韵母是 ang 的字有：（无）

   韵母是 ian 的字有：间、天、点、面、艳、变

   韵母是 iang 的字有：响、亮

综合实践：语篇

综合实践一：专业材料朗读

材料一

一、【参考答案】

an	ang	ian	iang
难、盘、然、满、山、安、帆	茫、行、上、长、浪、沧	千、钱、剑、闲、边	将

材料二

一、【参考答案】

an	ang	ian	iang
干预、产生、一般、炮弹	掌握、方法、常见、让、生长、防	现在、天气、常见、火箭、天空、变、减轻、碘化银	降、向、降落

第 17 课　en、eng、in、ing

快速起步：单字

练耳

【录音文本】

1.奔　2.零　3.逞　4.瘾　5.钦　6.嫩　7.频　8.映　9.忍　10.衡　11.命　12.增

【参考答案】

1.en　2.ing　3.eng　4.in　5.in　6.en　7.in　8.ing　9.en　10.eng　11.ing　12.eng

开口

【参考答案】

韵母是 en 的字有：沉、镇、喷

韵母是 eng 的字有：蒸、逢、碰

韵母是 in 的字有：频、寝、敏

韵母是 ing 的字有：影、径、丁

动脑

【参考答案】

喷：喷发　井喷	沉：下沉　沉着	寝：寝室　寝具	镇：镇纸　镇静
蒸：蒸锅　蒸汽	逢：相逢　重逢	敏：过敏　敏感	碰：碰巧　碰壁
丁：丁克　壮丁	频：变频　频繁	影：电影　影响	径：直径　小径

精准突破：词语

练耳

一、【录音文本】

1. 伸开　　　盛开　　　郑重　　　珍重
2. 应和　　　澄清　　　银河　　　陈情
3. 幸福　　　信服　　　吩咐　　　丰富

【参考答案】

1. ③-④-②-①
2. ②-④-①-③
3. ③-④-①-②

二、【录音文本】

1. 尽兴　　2. 敬呈　　3. 莲蓬　　4. 亲生　　5. 铃音　　6. 芹菜

【参考答案】

1. C　　2. C　　3. A　　4. A　　5. B　　6. A

开口

一、【参考答案】

1. en eng　　2. ing　　3. eng ing　　4. in ing
5. eng ing　　6. en ing　　7. eng ing　　8. ing ing
9. ing eng　　10. eng in in　　11. ing en ing　　12. eng en

动脑

一、【参考答案】

含有韵母 en 的词语有：近臣、脸盆、亲身

含有韵母 eng 的词语有：进程、敬呈、莲蓬、凉棚、亲生、轻声

含有韵母 in 的词语有：金星、精心、尽兴、近臣、进程、亲生、亲身、林荫、铃音、林影、芹菜

含有韵母 ing 的词语有：金星、精心、尽兴、敬呈、轻声、铃音、林影、青菜、轻踩

二、【参考答案】

1. 韵母组合模式相同的词语有：门缝、深坑、分层、真正、分成

   符合该组合模式的词语还有：深耕、纷争、跟风

   提示：本组词语只有"冷门"的韵母组合模式为"-eng-en"，其他词语的韵母组合模式都是"-en-eng"。

2. 韵母组合模式相同的词语有：濒临、林荫、临近、薪金、紧邻

   符合该组合模式的词语还有：辛勤、仅仅、尽心

   提示：本组词语只有"冰凌"的韵母组合模式为"-ing-ing"，其他词语的韵母组合模式都是"-in-in"。

3. 韵母组合模式相同的词语有：惊醒、晶莹、情景、命令、蜻蜓

   符合该组合模式的词语还有：明镜、行星、宁静

   提示：本组词语只有"金银"的韵母组合模式为"-in-in"，其他词语的韵母组合模式都是"-ing-ing"。

4. 韵母组合模式相同的词语有：信心、亲信、拼音、殷勤、亲近

   符合该组合模式的词语还有：贫民、邻近、饮品

   提示：本组词语只有"陵寝"的韵母组合模式为"-ing-in"，其他词语的韵母组合模式都是"-in-in"。

5. 韵母组合模式相同的词语有：病因、鸣音、定频、灵敏、静音

   符合该组合模式的词语还有：影印、清新、精心

   提示：本组词语只有"澄净"的韵母组合模式为"-eng-ing"，其他词语的韵母组合模式都是"-ing-in"。

6. 韵母组合模式相同的词语有：喷淋、门禁、分心、沉浸、伸进

   符合该组合模式的词语还有：珍禽、枕巾、跟进

   提示：本组词语只有"粉尘"的韵母组合模式为"-en-en"，其他词语的韵母组合模式都是"-en-in"。

专项提升：语句

开口
【参考答案】

1. A   2. B   3. A   4. C   5. B   6. A

动脑
【参考答案】

1. 韵母是 en 的字有：振、分
2. 韵母是 eng 的字有：升、整
3. 韵母是 in 的字有：金
4. 韵母是 ing 的字有：兢、听
5. 韵母是 en 的字有：深、人
   韵母是 eng 的字有：生
   韵母是 in 的字有：民
   韵母是 ing 的字有：平、情
6. 韵母是 en 的字有：人、深
   韵母是 eng 的字有：成
   韵母是 in 的字有：（无）
   韵母是 ing 的字有：明、灵、性

综合实践：语篇

综合实践一：专业材料朗读
材料一
一、【参考答案】

en	eng	in	ing
恩格尔、根据、划分、城镇、分别	生活、城镇	进行、食品、贫穷、居民	经济、家庭、情况、进行、定律、反映、水平、平均

115

材料二

一、【参考答案】

en	eng	in	ing
后门、我们、它们、认、很深、真是、认识、沉睡	梦幻、声	如今、母亲	星天、庭院、星星、南京、静寂、星群、星光、光明、繁星、半明半昧、星、眼睛、萤火虫、听见

第18课　uan、uang、uen、ueng

快速起步：单字

练耳

【录音文本】

1.顿　2.光　3.吞　4.软　5.轮　6.川　7.准　8.爽　9.环　10.瓮　11.妄　12.贯

【参考答案】

1. uen 2. uang 3. uen 4. uan 5. uen 6. uan 7. uen 8. uang 9. uan 10. ueng 11. uang 12. uan

开口

【参考答案】

韵母是 uan 的字有：断、缓、团、酸

韵母是 uang 的字有：旷、网、惶

韵母是 uen 的字有：尊、顺、稳、纯

韵母是 ueng 的字有：翁

动脑

【参考答案】

酸：排酸　酸菜　　团：团结　团体　　缓：和缓　缓慢　　断：判断　断言

尊：自尊　尊重　　纯：清纯　纯粹　　稳：平稳　稳当　　顺：顺利　顺畅

翁：渔翁　翁仲　　惶：惶惶　惶恐　　网：渔网　网络　　旷：空旷　旷野

精准突破：词语

练耳

一、【录音文本】

    1. 船头   光临   官吏   床头

    2. 婚房   轮换   冷汗   文房

    3. 愚钝   遛弯   瞭望   臆断

【参考答案】

1. ③-②-①-④
2. ②-③-④-①
3. ③-②-①-④

二、【录音文本】

    1. 网速   2. 装备   3. 渔翁   4. 城管   5. 干旱   6. 庄稼

【参考答案】

1. C   2. A   3. A   4. C   5. C   6. B

开口

一、【参考答案】

    1. uen uan   2. uang uen   3. uang uan   4. uen uen

    5. uang uan   6. uen   7. ueng   8. uen uen

    9. uen uan   10. uan uang   11. uan uen   12. uang uang

动脑

一、【参考答案】

    含有韵母 uan 的词语有：弯度、转会、愚顽、储罐、城管、光环、官宦、专家、转嫁

    含有韵母 uang 的词语有：网速、装备、粗犷、光环、庄稼

    含有韵母 uen 的词语有：温度、准备、余温

    含有韵母 ueng 的词语有：渔翁

二、【参考答案】

    1. 韵母组合模式相同的词语有：酸碱、软水、环保、惯性、短路

       符合该组合模式的词语还有：软件、幻想、团结

       提示：本组词语只有"昏睡"第一个音节的韵母为"uen"，其他词语第一个音节的

            韵母都是"uan"。

    2. 韵母组合模式相同的词语有：霜冻、黄灯、狂风、荒凉、创举

       符合该组合模式的词语还有：恍惚、光滑、床铺

117

提示：本组词语只有"山洞"第一个音节的韵母为"an"，其他词语第一个音节的韵母都是"uang"。

3. 韵母组合模式相同的词语有：安稳、波纹、河豚、嘴唇、桥墩

   符合该组合模式的词语还有：保存、辩论、体温

   提示：本组词语只有"问诊"是第一个音节的韵母为"uen"，其他词语都是第二个音节的韵母为"uen"。

4. 韵母组合模式相同的词语有：断网、暖光、卵黄、乱撞、宽广

   符合该组合模式的词语还有：官网、观光、软床

   提示：本组词语只有"环山"的韵母组合模式为"-uan-an"，其他词语的韵母组合模式都是"-uan-uang"。

5. 韵母组合模式相同的词语有：人文、深蹲、认准、本文、真准

   符合该组合模式的词语还有：沉稳、门墩、分寸

   提示：本组词语只有"体温"的韵母组合模式为"-i-uen"，其他词语的韵母组合模式都是"-en-uen"。

6. 韵母组合模式相同的词语有：鹅卵石、云端上、穿短袖、紧攥着、破万卷

   符合该组合模式的词语还有：小豌豆、脏乱差、真顽皮

   提示：本组词语只有"凤凰花"第二个音节的韵母为"uang"，其他词语第二个音节的韵母都是"uan"。

专项提升：语句

开口

【参考答案】

1. C   2. A   3. C   4. A   5. C   6. B

动脑

【参考答案】

1. 韵母是 uan 的字有：莞

2. 韵母是 uang 的字有：庄

3. 韵母是 uen 的字有：纯

4. 韵母是 ueng 的字有：翁

5. 韵母是 uan 的字有：观

   韵母是 uang 的字有：煌

韵母是 uen 的字有：文

韵母是 ueng 的字有：（无）

6. 韵母是 uan 的字有：（无）

韵母是 uang 的字有：壮、晃、望、光

韵母是 uen 的字有：稳

韵母是 ueng 的字有：（无）

综合实践：语篇

综合实践一：专业材料朗读

材料一

一、【参考答案】

uan	uang	uen	ueng
穿过、欢乐、蜿蜒	狂风、光、一晃	困乏	（无）

材料二

一、【参考答案】

uan	uang	uen	ueng
观察、软	矿物、金矿、黄铁矿、黄铜矿、赤铁矿、广泛、抛光、光、反光、情况、形状	润滑剂	（无）

第 19 课　üan、ün、ong、iong

快速起步：单字

练耳

【录音文本】

1. 聋　2. 逡　3. 动　4. 菌　5. 陨　6. 轩　7. 眷　8. 巩　9. 泳　10. 媛　11. 琼　12. 汹

1. ong 2. ün 3. ong 4. ün 5. ün 6. üan 7. üan 8. ong 9. iong 10. üan 11. iong 12. iong

开口

【参考答案】

韵母是 üan 的字有：全、远、渊

韵母是 ün 的字有：韵、群、训

韵母是 ong 的字有：统、浓、综

韵母是 iong 的字有：窘、用、兄

动脑

【参考答案】

渊：深渊 渊博	全：成全 全部	远：遥远 远方	韵：音韵 韵文
兄：兄弟 仁兄	浓：香浓 浓烈	统：总统 统计	用：使用 用法
综：综艺 综合	群：人群 群众	窘：窘迫 窘境	训：军训 训斥

精准突破：词语

练耳

一、【录音文本】

1. 埋怨   泉水   满眼   浅水
2. 驯服   穹庐   重录   悬浮
3. 胸透   榕树   松涛   庸俗

【参考答案】

1. ②-④-①-③
2. ④-①-②-③
3. ②-④-①-③

二、【录音文本】

1. 熏沐   2. 穷尽   3. 汛期   4. 丛林   5. 匀速   6. 原矿

【参考答案】

1. C   2. C   3. A   4. B   5. A   6. A

开口

一、【参考答案】

1. iong üan   2. ong ong   3. ong ong   4. ün ün
5. ong üan   6. iong ong   7. ün ong   8. ong üan
9. iong iong   10. ong ong   11. iong iong   12. üan ün

动脑

一、【参考答案】

含有韵母 üan 的词语有：炫目、元素、原矿

含有韵母 ün 的词语有：巡捕、熏沐、汛期、匀速

含有韵母 ong 的词语有：崇敬、丛林

含有韵母 iong 的词语有：穷尽、雄奇、琼林

二、【参考答案】

1. 韵母组合模式相同的词语有：原子、元素、卷尺、源头、悬浮

   符合该组合模式的词语还有：原理、诠释、旋转

   提示：本组词语只有"健全"第一个音节的韵母为"ian"，其他词语第一个音节的韵母都是"üan"。

2. 韵母组合模式相同的词语有：中线、重合、通分、溶液、冲程

   符合该组合模式的词语还有：通信、熔断、空气

   提示：本组词语只有"梗概"第一个音节的韵母为"eng"，其他词语第一个音节的韵母都是"ong"。

3. 韵母组合模式相同的词语有：罗裙、对韵、鲁迅、雁群、彩云

   符合该组合模式的词语还有：教训、将军、喜讯

   提示：本组词语只有"全村"第二个音节的韵母为"uen"，其他词语第二个音节的韵母都是"ün"。

4. 韵母组合模式相同的词语有：汹涌、英勇、狗熊、困窘、簇拥

   符合该组合模式的词语还有：采用、英雄、弟兄

   提示：本组词语只有"苍鹰"第二个音节的韵母为"ing"，其他词语第二个音节的韵母都是"iong"。

5. 韵母组合模式相同的词语有：扁圆、线圈、偏远、电源、减员

   符合该组合模式的词语还有：眼圈、垫圈、田园

   提示：本组词语只有"卷边"的韵母组合模式为"-üan-ian"，其他词语的韵母组合模式都是"-ian-üan"。

6. 韵母组合模式相同的词语有：东风、孔孟、重逢、忠诚、荣升

   符合该组合模式的词语还有：纵横、空蒙、同盟

   提示：本组词语只有"蒸笼"的韵母组合模式为"-eng-ong"，其他词语的韵母组合模式都是"-ong-eng"。

专项提升：语句

开口

【参考答案】

1. C　　2. B　　3. C　　4. B　　5. B　　6. A

动脑

【参考答案】

1. 韵母是 üan 的字有：鸳

2. 韵母是 ün 的字有：逊

3. 韵母是 ong 的字有：功

4. 韵母是 iong 的字有：用

5. 韵母是 üan 的字有：渲

　韵母是 ün 的字有：云

　韵母是 ong 的字有：中

　韵母是 iong 的字有：用

6. 韵母是 üan 的字有：（无）

　韵母是 ün 的字有：军

　韵母是 ong 的字有：从

　韵母是 iong 的字有：涌、拥

综合实践：语篇

综合实践一：专业材料朗读

材料一

一、【参考答案】

üan	ün	ong	iong
幅员、高原、平原、全国	群山	纵横、从、中、隆起、总、通常、连同、统称	（无）

材料二

一、【参考答案】

üan	ün	ong	iong
卷云	云、卷云、积云、层云、菜花云、均匀	不同、蓬松	利用

第 20 课　声调与语流音变

快速起步：单字

练耳

【录音文本】

1. 汁儿　2. 点儿　3. 头儿　4. 花儿　5. 门儿　6. 卷儿
7. 馅儿　8. 嘴儿　9. 缝儿　10. 曲儿　11. 刺儿　12. 孩儿

【参考答案】

1. zhīr　2. diǎnr　3. tóur　4. huār　5. ménr　6. juǎnr
7. xiànr　8. zuǐr　9. fèngr　10. qǔr　11. cìr　12. háir

开口

【参考答案】

声调是一声的字有：硝、攀、机

声调是二声的字有：禾、纹、恒

声调是三声的字有：典、导、蕾

声调是四声的字有：怯、戏、峭

动脑

【参考答案】

硝：硝酸　硝烟　　禾：禾场　禾苗　　导：向导　导游　　怯：羞怯　胆怯
机：有机　机械　　纹：花纹　纹路　　蕾：花蕾　味蕾　　峭：陡峭　峭壁
攀：攀比　高攀　　恒：守恒　恒心　　典：词典　典故　　戏：演戏　戏剧

精准突破：词语

练耳

一、【录音文本】

1. 舒服　　　剥离　　　叔父　　　玻璃
2. 喇叭　　　利器　　　腊八　　　力气
3. 包袱　　　稳当　　　暴富　　　文档

【参考答案】

1. ③-①-④-②
2. ④-②-①-③
3. ①-③-④-②

二、【录音文本】

1. 栗子　　2. 收成　　3. 蛋黄儿　　4. 一绺儿　　5. 触发　　6. 一度

【参考答案】

1. A　　2. B　　3. B　　4. A　　5. B　　6. A

开口

一、【参考答案】

1. liūda　　　2. bièniu　　　3. fàqiǎ　　　4. zhānlián
5. jīn　　　　6. xiāo　　　　7. xù　　　　　8. gēr liǎ
9. sàn fà　　10. yùnzài　　11. bù'ē　　　12. xiǎn wéi

动脑

一、【参考答案】

含有一声的词语有：收成、一流、出发、触发

含有二声的词语有：离子、守城、寿辰、淡黄、蛋黄儿、弹簧、一流、遗留、处罚、一度、易读、遗毒

含有三声的词语有：李子、离子、守城、一绺儿、处罚

含有四声的词语有：栗子、寿辰、淡黄、蛋黄儿、一绺儿、触发、一度、易读

含有儿化的词语有：蛋黄儿、一绺儿

含有轻声的词语有：栗子、李子、收成

二、【参考答案】

1. 加点字实际发音相同的词语有：一般、一边、一瞥、一百、一条

与上述情况相同的词语还有：一杯、一旁、一角

提示：本组词语只有"一亿"的"一"读二声"yí"，其他词语加点字的声调都读四声"yì"。

2. 加点字实际发音相同的词语有：不等、不明、不朽、不足、不行
   与上述情况相同的词语还有：不妨、不安、不想
   提示：本组词语只有"不错"的"不"声调读二声"bú"，其他词语加点字的声调
         都读四声"bù"。

3. 声调组合规律相同的词语有：卡尺、导体、减法、反比、手表
   符合该组合规律的词语还有：勇敢、远景、允许
   提示：本组词语只有"群岛"的声调组合为"二声＋三声"，其他词语的声调组合
         都是"三声＋三声"，不过在真实发音中，第一个音节会发生变调。

4. 加点字读轻声的词语有：灯笼、师傅、舒坦、东西、耷拉
   与上述情况相同的词语还有：疙瘩、商量、消息
   提示：本组词语只有"蒸笼"的"笼"读"二声"，其他词语加点字都读"轻声"。

5. 加点字发音相同的词语有：兴衰、兴奋、兴许、兴叹、兴亡
   与上述情况相同的词语还有：兴旺、兴业、兴替
   提示："兴"是多音字，有 xīng 和 xìng 两个读音。本组词语只有"兴趣"的"兴"
         读四声，其他词语加点字的声调都读一声。

6. 加点音节发音规律相同的词语有：压根儿、夹缝儿、鬼脸儿、糖瓜儿、家雀儿
   与上述情况相同的词语还有：差点儿、露馅儿、伙伴儿
   提示：本组词语只有"小婴儿"的第二个音节不能读作儿化，"婴儿"的读音是
         "yīng'ér"，是两个独立音节，其他词语的第二个音节都需读作儿化。

专项提升：语句

开口
【参考答案】
1. A   2. B   3. A   4. B   5. C   6. B

动脑
【参考答案】
1. 需要读作轻声的字有：有的、了、的、莲蓬、花骨朵儿、看起来、得
2. 需要读作轻声的字有：的、朋友、我们、院子、里
3. 需要读作轻声的字有：里、的、觉得
4. 读时需要变调的字有：一会儿、一匹马、马尾

5. 需要读作轻声的字有：里、它们、地、你们、吧、暖和

读时需要变调的有：准保

6. 需要读作儿化音的字有：压根

综合实践：语篇

综合实践一：专业材料朗读

材料一

一、【参考答案】

包含轻声的词语	包含变调的词语	可以读作儿化音的词语
孩子们、认识、的、磨蹭、马虎、他们、帽子	一下、一点、小马虎、了解、引导、不要	一下、一点、标签

材料二

一、【参考答案】

包含轻声的词语	包含变调的词语	可以读作儿化音的词语
着、了、的、样子、起来、太阳、里、出来、园子、上、名字、眼睛、星星、呀、曲子、时候	一切、涨起来、小草、土里、一大片、不错、宛转	打两个滚儿、赶趟儿、味儿、桃儿、杏儿、梨儿、杂样儿